Infâncias e escritas
Produção de textos na escola

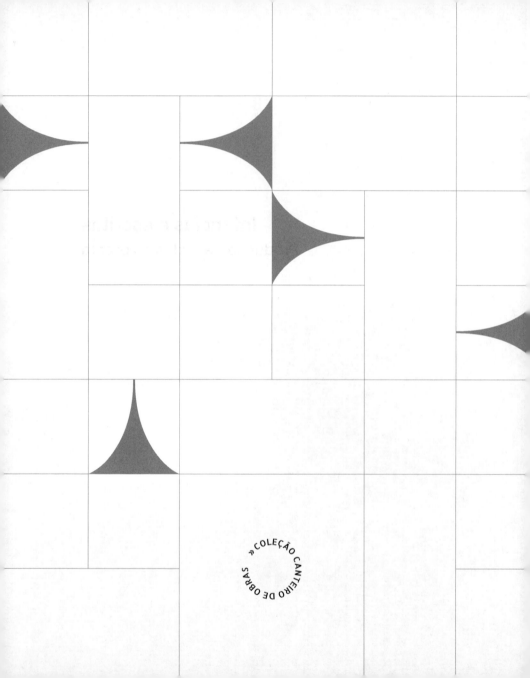

Infâncias e escritas
Produção de textos na escola

Andréa Luize
Andréa Dias Tambelli
Bárbara Franceli Passos

Título original: *Infâncias e escritas: produção de textos na escola*
@ do texto: Andréa Luize, Andréa Dias Tambelli, Bárbara Franceli Passos
@ desta edição: Selo Emília e Solisluna Editora, 2023

EDITORAS: Dolores Prades e Valéria Pergentino
COORDENAÇÃO EDITORIAL: Belisa Monteiro
EDIÇÃO: Carolina Fedatto
PROJETO GRÁFICO E DIAGRAMAÇÃO: Mayumi Okuyama

A reprodução não autorizada desta publicação, no todo ou em parte,
constitui violação de direitos autorais (Lei 9.610/98).
A grafia deste livro segue as regras do Novo Acordo Ortográfico da
Língua Portuguesa.

Dados Internacionais de Catalogação na Publicação (CIP) de acordo com ISBD

L953i	Luize, Andréa

Infâncias e escritas: produção de textos na escola / Andréa Luize,
Andréa Dias Tambelli, Bárbara Franceli Passos. - Lauro de Freitas :
Solisluna Editora, 2023.
232 p. ; 15 cm x 18 cm.

Inclui bibliografia e índice.
ISBN: 978-65-86539-86-8

1. Educação. 2. Formação de professores. 3. Educação infantil.
4. Produção de textos. I. Luize, Andréa. II. Tambelli, Andréa Dias.
III. Passos, Bárbara Franceli. IV. Título.

2023-1488

CDD-370.71
CDU-371.13

Elaborado por Vagner Rodolfo da Silva – CRB-8/9410

Índice para catálogo sistemático:
1. Educação : Formação de professores 370.71
2. Educação : Formação de professores 371.13

Selo Emília
www.revistaemilia.com.br
editora@emilia.com.br

Solisluna Editora
www.solisluna.com.br
editora@solisluna.com.br

Sumário

9 Série Infâncias e escritas

15 APRESENTAÇÃO
Início incerto, final impossível: qual o papel do professor no ensino da escrita? Bia Gouveia

21 INTRODUÇÃO — As práticas de linguagem na escola

35 1. Produção de textos na Educação Infantil

81 2. Textos que apoiam a produção textual

108 3. Revisar textos nos Anos Iniciais do Ensino Fundamental

149 4. Erros ortográficos: um grande desafio para os professores

183 5. O ensino da gramática

195 6. Textos informativos na escola: desafios na leitura e na produção escrita

221 Referências

225 Para saber mais

229 Sobre as autoras

*Às nossas famílias, aos parceiros e parceiras de
trabalho e, sobretudo, às crianças,
nossa motivação em busca de uma educação
de qualidade para todos.*

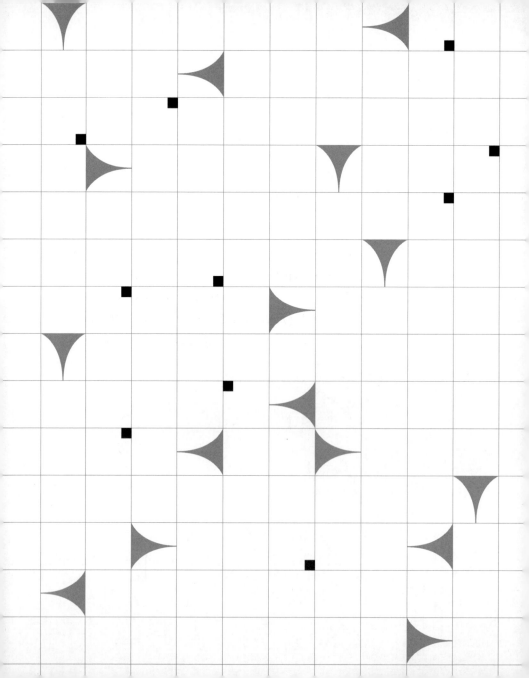

Série Infâncias e escritas

A *Série Infâncias e escritas* é fruto das experiências construídas e compartilhadas por nós, autoras, a partir da atuação como professoras da Educação Infantil e dos Anos Iniciais do Ensino Fundamental, como formadoras de professores em cursos de formação inicial ou continuada, em ações de supervisão e assessoria e como produtoras ou responsáveis pela análise de materiais didáticos e obras literárias.

Como professoras, fizemos inúmeros mergulhos na didática, nos objetos de conhecimento, na compreensão dos processos de aprendizagem, planejamentos, encaminhamentos e avaliações de situações de ensino para atender todas as crianças, incluindo as que nos colocam novos e diferentes desafios. E como nos deliciamos, tantas e tantas vezes, com as conquistas dos nossos pequenos estudantes! Aprendemos muito nesse percurso e muito mais com as crianças com quem tivemos a sorte de conviver por um ano ou mais.

Nas ações de formação continuada, focadas principalmente no ensino de língua e literatura a partir de uma perspectiva construtivista, conhecemos muitos educadores, de diversas escolas em diferentes regiões do Brasil. Com eles, compartilhamos práticas e dúvidas e discutimos propostas didáticas e diferentes encaminhamentos, o que nos permitiu aprofundar conhecimentos em conjunto.

Atuar na graduação trouxe outros desafios: Como provocar, nos futuros professores, o encantamento pelo ensino da língua e da literatura? Como ajudá-los a compreender seu papel como formadores de leitores, escritores, falantes e ouvintes? Como despertá-los para o potencial das crianças como produtoras e aprendizes? Essas demandas nos instigaram à escolha das melhores referências teóricas e didáticas e das práticas mais potentes para qualificar a formação de profissionais de educação que atuarão em diversos contextos.

Na produção e análise de materiais e obras literárias, o desafio estava em nos colocarmos no lugar de outros professores e propor caminhos possíveis e reflexões que pudessem guiá-los na construção de práticas de ensino promissoras para a aprendizagem de seus estudantes. Nesses processos, repensávamos propostas didáticas, encaminhamentos e orientações, revendo nosso próprio percurso como professoras e formadoras.

Não podemos deixar de mencionar também a importância da nossa trajetória de estudo, na graduação, especialização e mestrado. Nesses contextos, nos alimentamos de mais teoria, de mais investigações didáticas e das experiências compartilhadas pelos professores que tivemos e pelos colegas de aulas, grupos de estudo e pesquisa.

Todos esses caminhos nos levaram, de algum modo, à escrita da *Série Infâncias e escritas*. Nela, reunimos reflexões e experiências construídas por cada uma de nós e por nós três. Selecionamos, nestes volumes, os temas que mais discutimos em contextos de formação e que sempre nos pareceram centrais para se refletir sobre o ensino da língua e da literatura na escola. Destacamos, também, exemplos ilustrativos que coletamos como professoras, formadoras e produtoras de materiais didáticos. A *Série Infâncias e escritas* conta, até o momento, com os seguintes volumes:

Volume 1: Produção de textos na escola
Volume 2: Literatura e currículo
Volume 3: Práticas de alfabetização inicial
Volume 4: Leitura e escrita de textos informativos na escola

Por todas essas construções, muitos agradecimentos são importantes:

À Escola da Vila, ao Instituto Vera Cruz e à Revista Emília, pelas infinitas e ricas oportunidades de troca, aprendizagem, formação e informação que alimentaram nosso percurso e nos desafiaram a problematizar nossas práticas em educação.

De modo especial, às crianças que acompanhamos em seus processos de aprendizagem e produções e que se tornaram fonte de reflexão e estudo, culminando na elaboração desta coleção. Como forma de reconhecimento e respeito a elas, preservamos suas identidades, não citando seus nomes nas produções discutidas na *Série Infâncias e escritas*.

Agradecemos ainda diretores, coordenadores e professores, por serem nossos parceiros de trabalho e, também, as pessoas que conhecemos em ações formativas, por contribuírem de modo tão especial para nossa formação como pesquisadoras em educação.

As autoras

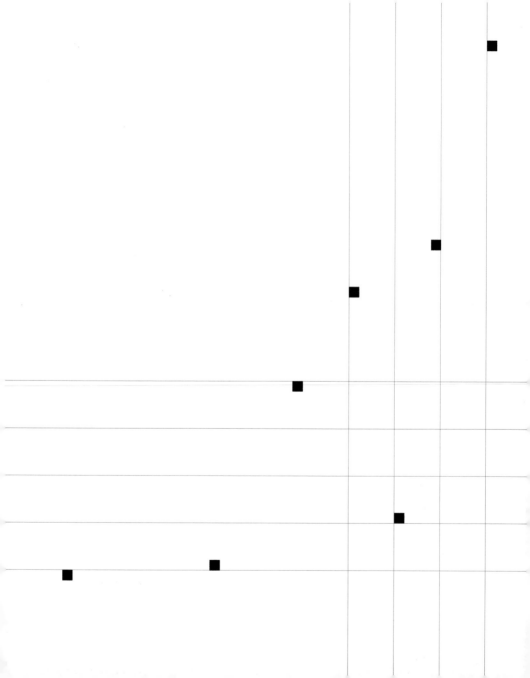

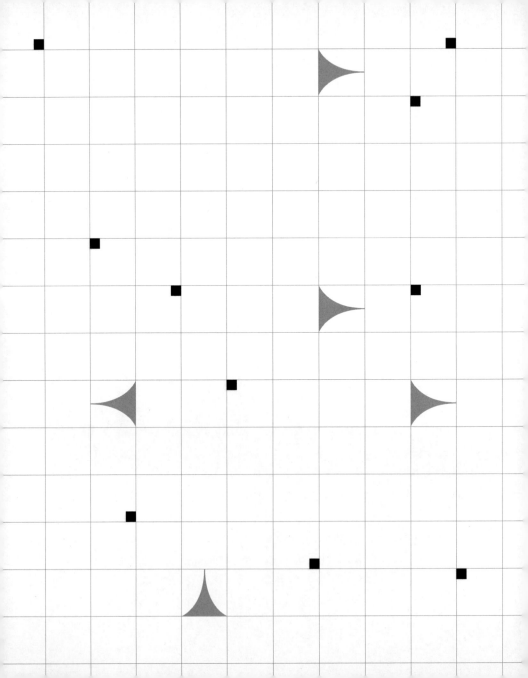

Apresentação — Início incerto, final impossível, qual o papel do professor no ensino da escrita?

Senti-me profundamente honrada e feliz com o convite para escrever esta apresentação. Por vários motivos. Primeiro porque a coleção nasce em um momento de bastante complexidade no cenário educacional brasileiro, no pós-pandemia e em um contexto político de extrema desvalorização da escola e da profissão docente. O livro reacende o compromisso ético da escola com a formação de leitores críticos e recupera sua missão original e irrenunciável em formar usuários competentes da leitura e da escrita, capazes de ler e de reconhecer-se como produtores da língua escrita.

O segundo motivo é por sua autoria. Andréa Luize, Andréa Tambelli e Bárbara Passos são três professoras, pesquisadoras e formadoras de alfabetizadores. As reflexões produzidas por elas são resultado do entrelaçamento dos aportes teóricos com as solicitações reais da sala de aula, do estudo responsável e profundo das teorias com as necessidades de aprendizagem dos alunos. Os exemplos para cada situação didática foram desenvolvidos em sala de aula e conceitualizados nos espaços de formação. E esse tem sido um dos melhores caminhos para a aprendizagem no contexto de trabalho: refletir sobre a prática desenvolvida, conceitualizá-la, teorizá-la. É o caminho para compreender conceitualmente a própria prática, para se deslocar para um estado de maior conhecimento teórico. A experiência com formação de professores fez com que elas enfrentassem o desafio de pensar nas estratégias para comunicar os conhecimentos profissionais aos educadores. E, por isso, observamos a didática da formação no ensino da leitura e da escrita sustentando as propostas descritas.

O livro, logo em sua Introdução, defende que alfabetizar não se restringe ao ensino do sistema alfabético de escrita e não se conclui ao final da escolaridade básica. Dizem que o início da alfabetização é incerto (difícil precisar quando exatamente começou) e seu final, impossível, pois estaremos sempre no papel de aprendizes das práticas sociais de linguagem. Alfabetizar, portanto, é conscientizar os estudantes de um mundo atravessado pela escrita, é oferecer as condições para que eles possam participar e desfrutar das culturas do escrito no decorrer de sua vida.

E esse é o terceiro motivo da minha satisfação, encontrar no livro a concepção de que a alfabetização não é um estado, mas um processo, e que a leitura é uma prática que nos ajuda a alcançar níveis mais avançados de alfabetização durante toda a vida. Por todo o livro identificamos os valores fundantes dessa concepção: a escrita como objeto sociocultural, a relação dialética entre a oralidade e a escrita, as crianças como sujeitos intelectualmente ativos e que aprendem enfrentando conflitos cognitivos, o erro como parte integrante do processo e o papel do professor como andaime, como agente que aquece, fundamenta, promove e impulsiona a aprendizagem.

Todos os valores merecem visibilidade e atenção quando se trata de alfabetizar uma criança, mas gostaria de destacar, aqui, a concepção do sujeito da aprendizagem e a escrita como objeto sociocultural. Como nos ensinou Emilia Ferreiro:

> Temos uma imagem empobrecida da criança que aprende: a reduzimos a um par de olhos, um par de ouvidos, uma mão que pega um instrumento para marcar e um aparelho fonador que emite sons. Atrás disso há um sujeito cognoscente, alguém que pensa, que constrói interpretações, que age sobre o real para fazê-lo seu. (FERREIRO, Emilia. *Reflexões sobre alfabetização*. São Paulo, Cortez, 1991, pp. 40-41)

O sujeito da aprendizagem é pensante, reflexivo, capaz de usufruir e participar das culturas do escrito. Portanto, para uma boa condição de ensino, é necessário incluir as ideias e teorias das crianças e suas transformações sobre os objetos de conhecimento. A premissa das propostas exemplificadas no livro é a força reflexiva das crianças, de como avançam nas suas compreensões a partir das soluções encontradas para lacunas e contradições. Elas são colocadas, desde pequenas, no lugar de leitoras e produtoras de textos de uso social, com trânsito livre pelas várias situações comunicativas, como por exemplo: produção de textos ditando-os ao professor, reescritas, revisão, análise de textos bem escritos.

Destaco, também, a língua concebida como um objeto social e cultural, com o propósito de assegurar a comunicação entre as pessoas. Isto é, a leitura e a escrita são práticas sociais e ensinar a ler e escrever significa comunicá-las. Nesse contexto, os conteúdos passam a ser os comportamentos leitores e escritores, considerando as particularidades de cada situação comunicativa.

Seguimos então, para o quarto motivo de meu entusiasmo. Partindo de práticas de produção de textos, as autoras compartilham caminhos didáticos para formar escritores competentes, mostrando como é possível planejar um trabalho contínuo para que produzam diferentes tipos de textos e, mesmo antes de escreverem convencionalmente, façam revisões e tenham a oportunidade de discutir e analisar suas características discursivas. A prática de produção textual deve ser organizada de modo que os estudantes tenham tempo para pensar o texto, escrevê-lo, revisá-lo e reescrevê-lo. Um processo que começa na Educação Infantil e segue por toda a escolaridade, considerando as boas condições didáticas, as diferentes modalidades organizativas e a progressão dos desafios.

Como parte da comunidade docente, agradeço a iniciativa da coleção. Ela é resultado de trajetórias formadoras importantes. Representa, mais do que nunca, a defesa intransigente da escola e da sua responsabilidade em formar leitores e escritores críticos.

Beatriz Gouveia
Diretora da Educação Infantil e 1º ano do Colégio Santa Cruz em São Paulo. Formadora de professores e assessora de redes municipais e particulares de educação.

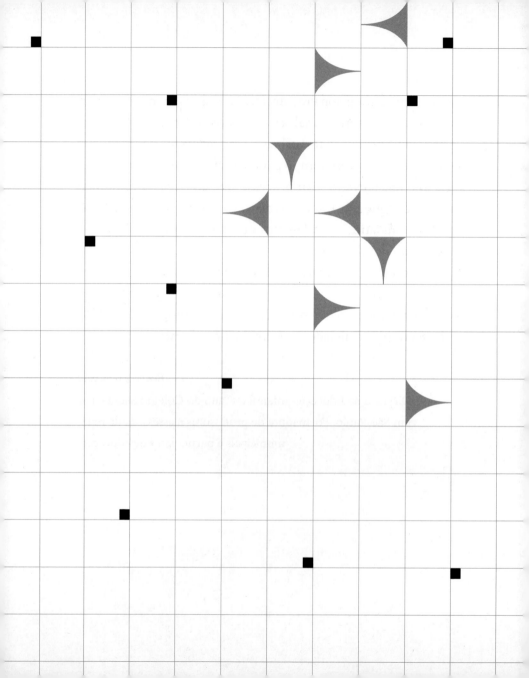

Introdução — As práticas de linguagem na escola

[...] a escrita é importante na escola pelo fato de que é importante fora da escola, não o contrário.

EMILIA FERREIRO, CULTURA ESCRITA E EDUCAÇÃO, 2001

Compreender a importância das experiências de ensino que compõem este volume sobre as práticas de produção de texto na escola e, igualmente, toda a *Série Infâncias e escritas*, demanda compreender, também, a função da escola quando se analisa a formação de leitores, escritores, falantes e ouvintes.

Saber se comunicar, de modo eficaz e com competência, em variados contextos de uso da linguagem oral e escrita deveria ser uma conquista dos estudantes ao longo da educação básica. Porém, nem sempre é isso o que acontece, sobretudo quando imperam práticas pedagógicas que priorizam, em especial a partir da entrada no Ensino Fundamental, o trabalho com a língua escrita em detrimento da língua oral; as propostas de redações a partir de temas ou de determinados gêneros; a rápida presença do trabalho com um gênero, logo seguido de outro e de outro; as aulas de gramática e de ortografia sem vínculos efetivos com a produção textual; a leitura de obras literárias sempre a serviço de resumos e fichas técnicas; o foco totalmente voltado aos textos de vestibulares próximo ao ingresso no Ensino Médio. Essas práticas, dentre tantas outras que poderiam ser mencionadas aqui, até favorecem a aproximação dos estudantes com a Língua Portuguesa, mas, como apontam os estudos de Delia Lerner (2002), especialista em Didática, não contribuem para a inserção dos estudantes na comunidade social de leitores, escritores, falantes e ouvintes, formando-os como "cidadãos" da cultura letrada.

Não é de agora que inúmeras pesquisadoras[1] pautadas na concepção construtivista de aprendizagem apontam caminhos para que a escola possa realmente cumprir esse papel tão essencial na formação dos estudantes. Tais caminhos se propõem a compreender o ensino a partir de outra perspectiva, com uma

---

1 Conferir, por exemplo, Mirta Castedo e Claudia Molinari; Ana Maria Kaufman (2000); Mirta Castedo e Claudia Molinari (2002); Emilia Ferreiro (2002); Delia Lerner (2002); Anna Camps (2006).

redefinição do objeto a ser ensinado: não os textos ou a língua em si, mas as práticas sociais que envolvem a linguagem oral e a linguagem escrita.

Quando afirmamos, então, que a escola deve tomar como objeto de ensino as práticas de linguagem, as situações didáticas planejadas, encaminhadas e avaliadas pelo professor precisam ganhar novas nuances. Antes de tudo, trata-se de considerar que a aprendizagem de crianças, adolescentes e jovens e adultos sobre esse objeto se dará em contextos comunicativos de uso da linguagem oral e da linguagem escrita. Será como participantes de atos sociais de comunicação envolvendo a fala, a escuta, a leitura e a escrita que os estudantes ampliarão seus conhecimentos sobre a língua e a linguagem.

O conhecimento sobre as funções sociais da linguagem oral e escrita, os portadores textuais, os gêneros, os textos, os recursos linguísticos e as regras de funcionamento do sistema de escrita precisam se dar por meio da atuação dos aprendizes como leitores, escritores, falantes e ouvintes em contextos comunicativos reais. Ao terem que enfrentar os desafios de resolver um problema comunicativo — como, por exemplo, compartilhar com colegas mais novos o que se aprendeu sobre um conjunto de animais brasileiros —, os estudantes se veem frente a um amplo percurso de tomadas de decisão: se o produto escolhido para compartilhar o estudo for a escrita de legendas, isso demandará a seleção ou produção de imagens e a composição de textos em consonância com elas; se for um livro, terão que planejar, produzir, revisar e editar os textos que farão parte dele. Caso esse livro seja entregue a leitores mais jovens, é preciso que os textos sejam planejados tendo em vista esse público e que sejam revisados e aperfeiçoados a partir dos conhecimentos sobre as características do gênero, do texto e dos recursos da língua; será preciso organizar um sumário, definir como se dará a organização dos textos no livro — serão apresentados em ordem alfabética, por categorias, considerando características dos animais pesquisados? etc. —, compor uma apresentação e a capa, eleger um título, além de tantas outras definições.

Esses aprendizes, focados no propósito comunicativo que envolve uma dada situação como a do exemplo acima, terão que transitar pelos diversos conhecimentos que o domínio sobre a linguagem oral e a linguagem escrita demandam. Tais conhecimentos ganham sentido para os estudantes nesse percurso de ações e de tomadas de decisão acerca dos distintos portadores, gêneros e textos, tanto orais quanto escritos. É assim, por exemplo, que ao elaborarem um mural de indicações literárias, terão que contemplar a seleção de bons adjetivos e locuções adjetivas para qualificar as obras destacadas. Nesse processo, sempre mediado pelo professor, os estudantes ampliarão o conhecimento sobre os usos de adjetivos, suas funções, a forma como são flexionados e o impacto que essas palavras e expressões podem ter no leitor. Mais adiante, na produção de notas de enciclopédia, a compreensão acerca dessa classe de palavras poderá ser ampliada: como qualificar a ferocidade de um animal ou a grandeza de outro? O mesmo ocorrerá na produção de um conto de suspense e na descrição de uma cena, um ambiente, um personagem. Um mesmo conteúdo, como os adjetivos e as locuções, poderá ser revisitado, permitindo às crianças que o compreendam mais amplamente em diferentes contextos de uso.

O foco do ensino deixam de ser os adjetivos em si e passam a ser os usos dessa classe de palavras em diferentes textos, com suas características e funções sociais. De nada adianta que os estudantes recitem a definição de adjetivos e saibam flexioná-los em frases soltas se não compreendem como devem utilizar essas palavras a depender do que se quer dizer por escrito e dos impactos que se quer causar no leitor, respeitando as características de um determinado gênero e de um texto; precisam compreender que descrever a beleza de uma princesa num conto clássico, a grandeza de um tigre numa legenda informativa, uma paisagem numa obra literária ou um crime em um conto de suspense demandam palavras e expressões específicas e bem escolhidas, e que isso, certamente, causará diferentes efeitos nos leitores desses textos.

A partir dessa concepção didática, mudam-se, de fato, os objetos de ensino. No ensino pautado pelas práticas sociais de linguagem, os objetivos passam a ser os "fazeres" — ou comportamentos — do leitor, do escritor, do falante e do ouvinte diante dos textos e gêneros em cada situação comunicativa. Embora a mesma língua portuguesa seja utilizada num recital e numa exposição oral, as duas situações exigirão usos distintos dessa língua: no jeito de falar, na impostação da voz, no uso de entonações, na interação com o público, na escolha das palavras e expressões. Como no exemplo dos adjetivos, em que se busca que os estudantes aprendam a utilizá-los em variados contextos, também nesses casos os recursos da língua precisam ser analisados, discutidos, compreendidos e colocados em prática para favorecer o êxito da comunicação em cada situação.

Delia Lerner (2002, p. 62 a 64, grifos da autora), buscando explicitar justamente essa questão dos conteúdos no âmbito do ensino da leitura e da escrita, destaca que:

Considerar que o objeto de ensino se constrói tomando como referência as práticas de leitura e escrita supõe — já se notou — determinar um lugar importante para o que os leitores e escritores *fazem*, supõe conceber como conteúdos fundamentais do ensino os *comportamentos do leitor* e os *comportamentos do escritor.*

[...]

Os comportamentos do leitor e do escritor são *conteúdos* — e não tarefas, como se poderia acreditar — porque são aspectos do que se espera que os alunos aprendam, porque se fazem presentes na sala de aula precisamente para que os alunos se apropriem deles e possam pô-los em ação [...], como praticantes da leitura e da escrita.

[...]

Finalmente, é preciso assinalar que, ao exercer comportamentos de leitor e de escritor, os alunos têm também a oportunidade de entrar no mundo dos textos, de se apropriar dos traços distintivos — mais ou menos canônicos — de certos gêneros, de ir detectando matizes que distinguem a "linguagem que se escreve" e a diferenciam da oralidade coloquial, de pôr em ação — enquanto praticantes da leitura e da escrita — recursos linguísticos aos quais é necessário apelar para resolver os diversos problemas que se apresentam ao produzir e interpretar textos...

É assim que, ao atuar como leitores e escritores, os alunos têm a oportunidade de se aproximar de conteúdos linguísticos que adquirem sentido nas práticas; é assim que as práticas de leitura e de escrita, progressivamente, se transformam em fonte de reflexão metalinguística.

Importa salientar que as colocações da autora, embora voltadas às práticas e comportamentos atrelados à leitura e à escrita, se aplicam igualmente ao trabalho com as práticas e comportamentos que envolvem falar e ouvir, já que está em jogo uma concepção didática visando à formação de usuários tanto da linguagem escrita quanto da linguagem oral.

Nessa concepção, que buscamos explicitar e defender, o professor não dará aquelas clássicas aulas sobre adjetivos, seguidas de listas de exercícios de uso. Ao contrário, esse recurso da língua, assim como outros, será compreendido pelos estudantes nos diferentes contextos em que ele pode ser utilizado e em diferentes momentos da escolaridade — como nos exemplos mencionados anteriormente —, permitindo um entendimento mais amplo e consistente, além de generalizações. O mesmo processo se dará na interação dos estudantes com os gêneros e os textos que circulam socialmente, sejam orais, sejam escritos.

Quando se pensa nos gêneros e textos, e se reitera a importância de sua presença e de sua diversidade no currículo, não se está falando do trabalho com cada um deles ao longo de um mês ou de uma quinzena em cada ano escolar. A lógica de organização do tempo didático também precisa ser revista pela escola. Se queremos que os estudantes possam lidar com problemas relacionados ao contexto comunicativo no qual estão inseridos — como no exemplo dado a respeito do compartilhamento do estudo sobre animais brasileiros por meio de um livro —, devemos permitir que tenham tempo hábil para eleger os animais a serem estudados, levantar perguntas sobre eles, realizar pesquisas em várias fontes, compor registros, conhecer melhor o texto-legenda, mergulhar na composição do livro e em todas as demandas que isso lhes trará. Precisam de tempo para enfrentar os problemas que a situação comunicativa lhes coloca, buscar e experimentar soluções, discuti-las, tomar decisões compartilhadas com o grupo de colegas, etc.

Para favorecer a gestão do tempo didático, bem como permitir diferentes graus de aproximação com os conteúdos das práticas de linguagem, é fundamental refletir sobre as modalidades organizativas do currículo escolar. Estruturar o currículo por meio dos projetos, sequências didáticas e momentos de leitura, divididos entre atividades habituais e pontuais, favorece a gestão do tempo, permitindo estabelecer conteúdos que serão trabalhados mais intensamente em um período letivo ou ano escolar, visando a aprofundamentos, enquanto outros aparecerão de forma mais pontual. Além disso, a depender dos gêneros e de suas funções sociais, é possível trabalhá-los a partir da modalidade que melhor se adequa a eles. É assim, por exemplo, que os gêneros literários, ainda que sejam trabalhados em projetos de produção textual, podem ser priorizados em atividades habituais — como as leituras diárias feitas pelo professor, as leituras compartilhadas e as rodas de biblioteca — ou de sequências de leitura, nas quais os estudantes "mergulham" no conhecimento de um autor, um gênero, uma coleção, etc.

Também importa compreender que, mesmo que sejam estruturadas propostas focadas mais na leitura ou na escrita ou mesmo na oralidade, a formação de praticantes competentes da linguagem oral e da linguagem escrita envolve uma complexa tessitura entre ler, escrever, falar e ouvir. São diferentes ações exercidas pelos estudantes, diferentes perspectivas pelas quais as práticas sociais de uso da linguagem oral e da linguagem escrita e gêneros e textos que nelas se utilizam podem ser mais bem compreendidas e vivenciadas por eles. Se tomarmos como exemplo a literatura, sabemos que não basta apenas ler as obras para formar leitores autônomos e independentes. Ler e ouvir leituras, conversar sobre elas, comentá-las, ler outros textos (como biografias de autores), escrever indicações ou resenhas são algumas das ações que podem envolver as interações dos estudantes com as obras literárias. Como aponta Emilia Ferreiro (2010, p. 146):

> Se pensarmos em todos os tipos de atividades que podemos desenvolver *com* os textos, *em torno* dos textos, *considerando* os textos e a *respeito* deles, veremos que passamos do falar ao ler, do ler ao escrever, do escrever ao falar e voltar a ler [...] dando voltas pela língua [...].

O desafio de formar leitores e escritores, falantes e ouvintes não se conclui ao final da escolaridade básica. Outros problemas serão, certamente, enfrentados na vida universitária, no cotidiano profissional e pessoal. Estaremos sempre no papel de aprendizes das práticas sociais de linguagem, inclusive porque novos gêneros surgem na medida em que se transformam os modos de comunicação, marcando o caráter vivo, atual e flexível da linguagem oral e da linguagem escrita. Porém, é fundamental que os estudantes concluam a educação básica munidos de comportamentos que leitores, escritores, falantes e ouvintes precisam colocar em jogo ao enfrentar e buscar soluções para os desafios de integrar uma comunidade letrada. Esses estudantes precisam, enfim, conhecer gêneros, textos e recursos disponibilizados pela língua para que atuem com êxito nas situações de escuta, de leitura e de produção de textos, tanto orais quanto escritos.

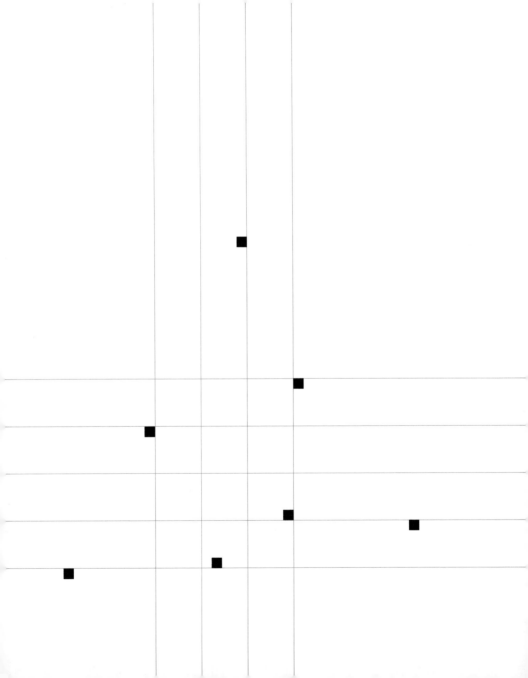

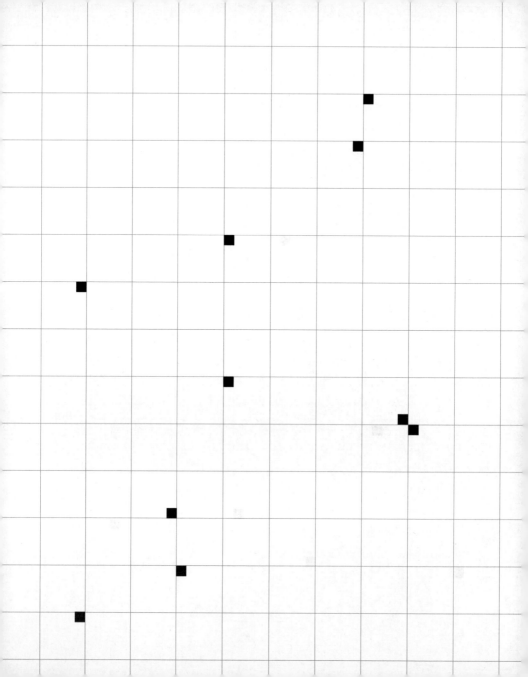

1 Produção de textos na Educação Infantil

Sabemos que, desde pequenas, as crianças interagem com as formas de escrita ao seu redor. Os textos presentes nas ruas (placas, letreiros, *outdoors*), nos mercados, nos celulares, nos aparelhos de TV e nos livros de literatura fazem parte do cotidiano de bebês e crianças, assim como as práticas sociais em que são utilizados: por meio dos adultos, os pequenos se aproximam desses textos, os observam e conhecem suas funções comunicativas.

Na escola, em contextos de jogo simbólico, por exemplo, é comum vermos crianças pequenas se debruçando sobre a produção escrita, compondo placas, cardápios, listas de compras, listas de telefones, convites, receitas médicas, etc. Por meio da brincadeira, atuam como escritoras produzindo uma diversidade de textos com propósitos comunicativos, ainda que utilizem representações distantes das convencionais.

Nas turmas de crianças com 4 e 5 anos, além dos contextos de brincadeira, também é possível ampliar as oportunidades de interação com os textos, convidando-as a escrever à sua maneira em situações cotidianas: escrever o próprio nome para identificar produções, espaços e materiais ou mesmo para participar de uma votação; escrever o título de um livro cuja leitura gostariam de ouvir novamente; escrever a lista de ingredientes de uma receita culinária; legendar uma imagem a partir de informações coletadas em uma pesquisa. Várias são as oportunidades que se pode criar para que as crianças atuem como escritoras, lidando, sobretudo, com textos mais curtos e de uso mais cotidiano.

Também é fato que podem escrever produzindo textos por meio do ditado ao professor, que atuará como escriba, função na qual dividirá a produção textual com as crianças, responsabilizan-do-se pela grafia das palavras, pela pontuação, pela estruturação em parágrafos, etc., enquanto as crianças se encarregarão, sempre apoiadas pelo professor, dos conteúdos e da forma do texto. Isso quer dizer que elas se ocuparão de algumas características do gênero e do texto que se produz, como a linguagem, por exemplo. Precisarão, ainda, considerar o portador e os destinatários dessa produção. E esse duplo apoio do professor — como escriba e auxiliar na construção do contexto e do gênero pelas crianças —

permite aprendizagens sobre os comportamentos escritores e sobre as ações que integram o processo de produção textual.

Ana Maria Kaufman (2012) aponta que escrever por meio do professor é uma das quatro situações fundamentais que envolvem ler e escrever na escola (as demais são: escrever por si mesmo, ler por si mesmo e ler através do professor) e destaca que é por meio dela que as crianças pequenas poderão compor textos mais extensos, como a reescrita de um conto, especialmente quando ainda não escrevem de forma convencional. Vale ressaltar que o ditar ao professor não cabe apenas na Educação Infantil, mas em qualquer segmento da escolaridade pela importância de permitir ao aprendiz se responsabilizar somente por parte das demandas que envolvem a elaboração de um texto.

Para que essa situação se efetive, algumas condições didáticas são necessárias, entre elas a interação das crianças com o gênero a ser produzido, com seus respectivos portadores e com o uso social que se faz dele. Afinal, sempre que se escreve, está em jogo um determinado gênero, uma finalidade, considerando um destinatário e um contexto. Escrevemos para convidar, enviar uma mensagem, contar algo, narrar uma história, para não esquecer uma informação, para identificar um objeto, para compartilhar informações aprendidas, etc.

Quando a criança produz textos, ainda que ditados pelo professor, aprende que a língua que se fala é diferente da língua que se escreve; aprende que é necessário considerar o destinatário e, portanto, se ocupar da clareza do texto para que seu leitor o compreenda e o propósito comunicativo seja atendido. Aprende, ainda, a utilizar palavras ou expressões que combinem com o que se quer comunicar; que a escrita também ganha diferentes nuances a depender do contexto de produção e da intencionalidade; e que, para dar conta de distintos propósitos comunicativos, existem gêneros textuais diversos. Aprende, ademais, que para escrever é preciso planejar *o que* e *como* dizer, buscando a melhor forma e considerando a *quem* o texto se destina. Para isso, é preciso revisá-lo, ao longo da produção e ao final, verificando o que pode melhorar, se o propósito comunicativo foi contemplado e se formalmente ele está parecido com outros do mesmo gênero. Nessas situações, as crianças aprendem de modo significativo a produzir textos atuando como escritoras.

Pela importância dessa situação didática, especialmente junto às crianças de 4 e 5 anos, detalharemos propostas e encaminhamentos envolvendo a produção de textos pelas crianças por meio de ditado ao professor.

Escrever tendo o professor como escriba

Espera-se que, a partir dos 4 e 5 anos, e dos Anos Iniciais do Ensino Fundamental, as crianças participem de práticas de leitura e de escrita envolvendo o uso de diferentes gêneros de circulação social, com propósitos determinados e destinatários reais, tal como se lê e se escreve fora do âmbito escolar.

Quando ditam ao professor, as crianças se concentram no conteúdo e na forma de dizer por escrito, enquanto o professor se encarrega do sistema de escrita. Elas podem, assim, enfrentar questões sobre como dizer algo por escrito, considerando as funções sociais e as características do gênero. Mesmo pequenas, tendo o auxílio do professor com o alfabeto e a ortografia, elas já podem começar a ter contato com os aspectos discursivos da língua, tomando decisões sobre o propósito comunicativo e o futuro leitor do texto, por exemplo.

Ao observarem a escrita pelo professor, as crianças têm a oportunidade de refletir sobre algumas questões do sistema, tal como a correlação entre fala e escrita, a extensão do enunciado, a organização espacial do texto, a identificação de letras em determinadas palavras, a combinação e a sequência de letras que se usa ao compor uma mesma palavra, etc. Esse processo também favorece aprendizagens sobre a escrita convencional.

Se considerarmos que escrever é simplesmente colocar letras sobre um suporte, então, nessas situações, quem escreve é o professor. Porém, se pensarmos que escrever é elaborar um texto e que, nessa elaboração, planejamos gradativamente o que incluir, como organizar o que queremos dizer de acordo com o destinatário, que recursos usaremos para que o texto produza os efeitos que desejamos, que palavras são melhores ou mais precisas, etc., então, nesse caso, quem está escrevendo são as crianças (KAUFMAN, 2012). As crianças se comportam como autoras do texto porque, ao se depararem com os problemas durante a produção, precisam tomar decisões do que escrever e como organizar o que se quer dizer, obviamente, tendo o professor como mediador, um usuário competente da língua que pode ajudar nessa aprendizagem.

Quando o professor desempenha o papel de escriba, a criança aprende a atuar como produtora de textos e a ditar para que o outro registre. No entanto, o exercício de ditar não é fácil, porque implica uma série de coordenações e controles, por exemplo, quanto do texto ditado já foi escrito pelo professor, em qual ritmo é preciso ditar para que o professor registre, considerar o que os colegas estão dizendo, tomar decisões, entre outras questões. Assim, o professor ajuda as crianças a diferenciarem o falar e o falar para ser escrito, a recuperar o que foi escrito, a pensar sobre o que falta escrever e a considerar o destinatário. Ele ajuda, também, a revisar o texto por partes e na sua totalidade. Ensina, enfim, os aprendizes a produzirem textos, passando pelas etapas de produção que um escritor experiente atravessa.

Nessas situações, as crianças ditam ao professor e ele segue escrevendo de modo que todos possam ver o avanço do texto (isso pode ser feito utilizando uma lousa, um papel Kraft fixado na parede ou mesmo a tela de um computador). De vez em quando, o professor interrompe a escrita para ler em voz alta o resultado da produção até então. Ao realizar essa tarefa, ele convida as crianças a pensarem sobre o texto e a realizar possíveis ajustes: "Vou ler como está até aqui e vocês podem ver se está faltando alguma parte, se querem colocar mais alguma informação...". Como são pequenas, é possível que, sempre que mais de uma alternativa apareça, as crianças não consigam chegar a acordos; então, cabe ao professor mediar essa conversa, solicitar justificativas, buscar referências do mesmo gênero para consulta e apoio às decisões das crianças. Essas são algumas intervenções que podem ser feitas com os estudantes e que contribuem para a construção de aprendizagens que tendem a se consolidar conforme esse tipo de experiência se sucede.

Quando o professor é escriba, ele habilita as crianças a se comportarem como autoras. Para que, efetivamente, elas atuem como escritoras, é imprescindível a intervenção do docente também considerando outras ações que envolvem a produção. Enquanto participa da elaboração do texto, o professor põe em ação tudo o que está implicado na escrita e estabelece um diálogo "de escritor para escritor". Incentivando-as a planejarem o que se pretende escrever, ele propõe que pensem em diferentes alternativas para o começo do texto e as convida a elegerem a versão que o grupo considera mais adequada ou impactante, sugere também que busquem diversas possibilidades de expressar cada ideia e propõe a leitura e a releitura do que já foi escrito para assegurar a coerência ou para revisar o texto considerando o leitor potencial.

O professor faz, assim, ajustes em seus encaminhamentos de acordo com os conhecimentos que são explicitados pelas crianças ao longo da produção, como compreende Javier Onrubia (1996, p. 125):

> (...) a ajuda ajustada pressupõe desafios abordáveis para o aluno; abordáveis não tanto no sentido de que possa resolvê-los ou solucioná-los sozinho, mas de que possa enfrentá-los graças

à combinação entre suas próprias possibilidades e os apoios e instrumentos recebidos do professor.

A escrita através do professor é, em geral, uma produção coletiva na qual é importante que todas as crianças participem. Isso não é fácil pois, muitas vezes, em situações envolvendo o grupo inteiro de crianças, são poucas as que falam espontaneamente e o professor se vê diante de um problema: encontrar estratégias para que todas se sintam à vontade para se colocar. É preciso considerar, no entanto, que o fato de a criança não contribuir com o grupo durante a produção, trazendo ideias ou soluções para os problemas encontrados no texto, não quer dizer que não esteja pensando e aprendendo sobre a língua na condição de ouvinte.

O trabalho em grupo possibilita intercâmbios comunicativos de enorme valor social e educativo. Para isso, é necessário criar um ambiente favorável no qual as crianças aprendam a trabalhar juntas, garantindo situações em que elas possam ouvir umas às outras, considerar o que foi dito e complementar, discordar, defender pontos de vista, discutir, explicar. Práticas que só são aprendidas em espaços de interação e intercâmbio, nos quais experiências linguísticas são vivenciadas e compartilhadas.

Vejamos alguns exemplos:

PROPOSTA
Convite para uma brincadeira (Crianças de 4 e 5 anos)

Depois de jogar trilha algumas vezes com o grupo, a professora propõe às crianças que convidem outras pessoas para jogar com elas. Inseridas nessa situação comunicativa, as crianças podem se sentir implicadas a escrever.

> **Prof. — Vamos convidar algumas pessoas para jogar trilha com a gente?**
> — Sim.
> **Prof. — Quem podem ser essas pessoas?**
> — O Grupo 3, ou o Grupo 1, ou o Grupo 2... (referem-se às diferentes turmas da escola)
> — Do quarto ano.
> — Pode ser os nossos pais? (sic)
> **Prof. — O que vocês acham dessa ideia da Laura?**
> — Sim!
> — Mas os pais trabalham. Como eles podem vir?

Prof. — O que vocês acham? Como a gente pode fazer para que os pais saibam quando vir?

— Ligando pra eles...

Prof. — O que mais?

— Vamos fazer um convite.

Para a escrita de um convite, é necessário cumprir algumas exigências relacionadas ao gênero, como o destinatário, por exemplo. A professora, como mediadora, além de escriba, traz esses elementos para que os estudantes os considerem na produção coletiva e organizem o texto de modo a cumprir com seu propósito comunicativo. A primeira decisão que precisam tomar é quem será convidado para as partidas do jogo de trilha.

Prof. — Como a gente pode fazer para convidar as famílias para virem jogar trilha com a gente? Como a gente pode fazer esse convite?

— A gente pode deixar um espacinho antes de acabar a aula para eles virem.

— Pode ser depois do trabalho.

Prof. — Sim, então vocês já deram ideia do horário. E como a gente pode fazer para convidar todos os pais?

— Ligando.

Prof. — E sem ser ligando? Porque iria demorar muito pra gente fazer isso e os pais podem estar ocupados e nem atenderem o telefone.

— A gente pode fazer um convite e passar debaixo da porta.

O convite é um gênero que costuma ser bastante conhecido pelas crianças, pois são frequentemente convidadas para festas de aniversário e para realizar atividades com outros grupos dentro da escola, e, por isso, o trazem como solução.

Outro elemento que aparece durante a conversa é o horário. Quando a professora pergunta como podem fazer para convidar, uma criança pensa sobre o momento em que pode acontecer esse jogo, ainda que ela não tenha perguntado. Isso acontece porque sabem que um convite precisa mencionar o horário do evento. As crianças retomam os conhecimentos que têm sobre o gênero e os trazem à tona para serem discutidos e incluídos no texto. A professora controla as informações e valida cada uma delas de acordo com o propósito do texto.

Prof. — Então vamos escrever um convite e entregar para os pais. Acham uma boa ideia?

— Sim!

— Mas quem vai escrever?

— A gente!

Prof. — Então, eu vou escrevendo o que vocês querem dizer para os pais, tá? Como a gente começa?

— Olá!

Prof. — Vocês concordam?

— Sim.

Prof. — Mas "olá" quem? Olá, pais, olá, família? Como?

— Olá, famílias!

— Do Grupo 3!

— Do Grupo 3.

— Do Grupo 3B.

Prof. – Olá, famílias do Grupo 3B! (enquanto repete, segue escrevendo o texto)

Podemos notar que a escrita coletiva e seu funcionamento já são compreendidos pelo grupo por experiências que tiveram em outras situações na escola, quando um dos estudantes responde "A gente" para a pergunta "Quem vai escrever?", de um dos colegas. Depois da resposta dada por uma das crianças, todos pensam em como o texto pode começar, atendendo à demanda da professora.

Essa circunstância mostra como a escola também é lugar de introdução e progressiva formalização de experiências que dão aos aprendizes a oportunidade de acumularem conhecimentos prévios com os quais podem dialogar em cada nova ocasião.

Durante o processo de produção, a professora inclui as crianças, perguntando se as demais concordam com as sugestões dadas; ela não acata a primeira resposta, mas convida o grupo a refletir e, juntos, tomar as decisões.

A professora também chama a atenção das crianças para um aspecto textual já discutido anteriormente: a quem se destina o convite. Nessa situação, a professora retoma uma das características desse gênero e mostra onde deve estar escrito o nome do destinatário. Embora já tenham discutido o que deve conter o convite, muitas vezes as crianças não sabem como organizar as informações de forma coerente. São situações como essas que podem promover avanços progressivos em relação ao domínio de elementos característicos do gênero.

Como um aspecto central da produção coletiva, a participação e tomada de decisão de todo o grupo, que é quem escreve, deve ser assegurada. A professora faz as perguntas e, a partir das respostas, devolve as decisões ao grupo. Mas apenas uma das alternativas deve ser escolhida para ser registrada por escrito. Nesse sentido, quando a professora não valida uma das respostas, convoca a participação do grupo na tomada das decisões. O que podemos ver, muitas vezes, é que as sugestões dadas inicialmente acabam sendo complementadas ("Grupo 3", "Grupo 3B").

Prof. — E o que mais?

— Nós queremos convidar vocês...

Prof. — Concordam com a Laura?

— Sim.

Prof. — Pode ser? (e segue escrevendo)

— Para jogar trilha...

Prof. — O que mais, Clara, que você tinha falado?

— Com a gente.

— Mas "com a gente" eles não vão saber que é a gente.

Prof. — Então como eles podem saber?

— Depois a gente escreve que é o Grupo 3 que está escrevendo. (sic)

— Mas aqui já dá para saber, está escrito "Famílias do Grupo 3B"

— É verdade!

(A professora lê o que foi escrito até o momento.)

Para dar continuidade ao texto, a professora pergunta o que mais deve ser escrito. Quando há um problema que pode ser um obstáculo à compreensão do leitor, como acontece na conversa entre as crianças sobre como o leitor pode saber quem está convidando, a professora faz uma pergunta para ajudá-los a pensar em uma forma de evidenciar quem escreve.

Nessa passagem, é possível observar também o quanto as crianças podem fazer antecipações sobre todo o texto, ainda que ele não esteja terminado. Quando uma das crianças diz "Depois a gente escreve que é o Grupo 3 que está escrevendo", ela antecipa para o grupo que, ao assinarem o convite, ficará evidente quem está convidando. Revisando os textos, o escritor considera toda a sua estrutura — começo, meio e fim —, de modo que as ideias estejam interligadas e que exista coerência entre as partes, de acordo com o gênero textual escolhido. Nessa discussão entre as crianças, é possível observar esse trabalho de considerar o todo, ainda que se esteja escrevendo uma das partes.

Depois, para verificar o resultado do texto e a necessidade de ajustes, a professora lê o que foi escrito para o grupo. Esse procedimento acontece o tempo todo para permitir às crianças acompanharem o que já foi escrito e dar continuidade ao texto.

Prof. — Falta colocar mais alguma informação no nosso convite?

— Não.

Prof. — Não falta? Se eles lerem esse convite vão saber que dia poderão vir?

— Não.

Prof. — Então! Falta colocar o dia e o que mais?

— Amanhã.

— Sexta-feira.

Prof. — Vamos marcar para sexta-feira. O que mais está faltando, Bruna?

— A hora.

— Falta escrever a hora.

Prof. — Vamos deixar para o final do dia? Podemos deixar para sexta na hora da saída.

— Pode ser.

Prof. — Então vamos ler para ver como está:

Quando a professora propõe a leitura da produção, ensina aos estudantes um procedimento importante da tarefa de escrita: a revisão.

> OLÁ, FAMÍLIAS!
> NÓS QUEREMOS
> CONVIDAR VOCÊS
> PARA JOGAR TRILHA
> COM A GENTE.
> SERÁ SEXTA-FEIRA,
> NA HORA DA SAÍDA.

Convite produzido por uma turma de crianças de 4 e 5 anos tendo a professora como escriba.

Para aquele que escreve, tanto dentro quanto fora da sala de aula, seja criança ou adulto, revisar é um procedimento que precisa ser garantido. Assim como acontece diante de qualquer problema, as crianças desenvolvem estratégias de resolução.

A partir da leitura do que foi escrito até então, a professora pergunta o que ainda falta no texto. Como as crianças não apontam nenhum aspecto, a professora, como escritora experiente e parte do grupo, diz que falta colocar o dia. A partir das opções dadas pelas crianças, considerando a organização semanal e os horários disponíveis, ela define o melhor dia para receberem as famílias. Outra possível intervenção seria, em vez de dizer logo o que falta para o convite, convocá-las a se colocarem no lugar do leitor para saber se, diante das informações apresentadas até então, o convidado conseguiria aceitar ou não o convite. Nesse caso, a professora poderia fazer mais uma leitura do texto e disponibilizar um tempo de discussão para que os estudantes pudessem verificar se alguma informação não tinha sido contemplada. E se, ainda assim, o dia não surgisse como uma informação relevante, a professora poderia trazê-la para a discussão do grupo, como acabou fazendo.

Para decidir a respeito do horário, informação também bastante importante para o texto, a professora convoca uma criança, que ainda não tinha participado, a dizer o que achava que estava faltando, tentando implicar a participação de todas ou da maioria das crianças da turma. Convidar quem aparentemente "não esteja participando" é importante porque, às vezes, a não participação pode ocorrer por timidez de pedir a palavra perante o grupo. Nesse caso, quando convidadas, as crianças podem se sentir mais à vontade para contribuir.

Ao final, a professora lê novamente o texto para que todos o aprimorem e aprovem.

PROPOSTA
Produção de texto a partir de conversas sobre fotografias
e relatos sobre alimentação (crianças de 3 anos)

Essa produção faz parte de um álbum que retratou marcos de crescimento das crianças ao longo dos seus 3 e 4 anos. Nele foram inseridas fotos coletadas junto às famílias e pequenos textos, como legendas e transcrições de conversas registradas pelos professores. Os temas que o integraram foram definidos pelo grupo, assim como os textos de abertura e a seleção de fotografias. Ao final do projeto, o álbum circulou entre as famílias com um cronograma de retirada e devolução.

Para iniciar a atividade, a professora enviou um comunicado aos pais solicitando fotografias das crianças bem pequenas em diversas ocasiões: quando nasceram, nas primeiras vezes se alimentando, engatinhando, dando os primeiros passos, nos primeiros dias na escola, etc. As imagens foram separadas por assunto e colocadas no centro da roda para disparar conversas. Como as crianças eram pequenas, as imagens sustentaram o discurso oral, tanto a partir de observações quanto dos relatos ouvidos em casa.

Em uma dessas rodas, a alimentação dos bebês ganhou destaque com o apoio das fotografias e também dos relatos individuais sobre esse momento. No dia seguinte, a professora sugeriu a produção de um texto para apresentar essa fase de alimentação dos bebês no álbum que estavam criando.

Prof. — Ontem a gente conversou sobre as fotos que vocês trouxeram sobre a alimentação de vocês quando eram bebezinhos, vocês se lembram? Vocês contaram o que conversaram com a família de vocês. Todo mundo trouxe fotos de quando eram bem pequenininhos se alimentando. Não foi?

— Sim.

— Sim. Tinham muitas fotos.

— Eu trouxe de mim mamando no peito da mamãe.

— Eu trouxe uma de mim comendo papinha.

— Na minha tinha frutinha.

— Eu gostava de comer mamão.

Prof. — Isso mesmo. Vocês mostraram as fotos e contaram coisas. A gente também conversou sobre o que deveríamos escrever no texto sobre o assunto. Não foi? A gente fez uma lista do que não pode esquecer de escrever no texto. *Alimentação dos bebês*. **Hoje, a gente vai escrever esse texto, tá bom? Eu estou com a nossa lista aqui ao lado**

para a gente ir olhando se tudo o que a gente pensou que a gente precisa escrever tem no texto. Certo? Se alguém tiver algumas ideias que não estão no nosso planejamento também pode falar. Combinado?

— Sim.

No diálogo, a professora retomou o percurso da produção do álbum e do planejamento realizado para apoiar a escrita. Sabemos que, assim como a revisão e a textualização, o planejamento é uma ação importante no processo de produção textual. Ao propor o planejamento, a professora define com o grupo o que deve ser escrito para depois começar a escrever. Fora da escola, os escritores experientes também costumam selecionar o que dizer, apresentar ou discutir; no entanto, essa prática precisa ser construída na experiência escolar ou com outros escritores. Essa é uma etapa do processo de escrita que ajuda a manter o foco no tema, além de ser apoio para aspectos que não podem ser esquecidos.

Já na apresentação do projeto, antes da escrita propriamente dita, a professora sugere o planejamento perguntando o que as crianças consideram importante escrever no texto que integrará o álbum de fotografias. Como se trata de crianças de apenas

3 anos, os tópicos e a progressão textual foram definidos com intensa mediação da professora a partir da roda de conversa. Assim, o processo de produção textual e as ações que o envolvem (planejamento, textualização, revisão e edição) ficam assegurados.

> **Prof. — Então, olha só! Já escrevi o título *Alimentação*. Pronto, vamos lá! A primeira coisa que vocês disseram para escrever no planejamento foi: os bebês são pequeninos e não sabem comer. Vamos escrever isso no texto?**
> — Sim.
> **Prof. — Como assim não sabem comer? Mas, então, como fazem para se alimentar? Será que os bebês não precisam se alimentar?**
> — Precisam sim, se não se alimentarem choram muito.
> — Eles choram de fome.
> — Os bebês tomam leite.
> **Prof. — Então, eles se alimentam como?**
> — Eles tomam leite.
> — Eles tomam leite no peito.
> **Prof. — Então, como podemos começar o texto?**
> — Os bebês mamam leite no peito.
> — Os bebês nascem primeiro.

Prof. — Então vamos escrever: OS BEBÊS NASCEM E MAMAM NO PEITO

— Da mamãe..

Prof. — DA MAMÃE.

— Eles também tomam mamadeira.

Prof. — Também escrevemos no planejamento que os bebês tomam mamadeira. Posso escrever assim: Os bebês nascem e mamam no peito da mamãe e tomam mamadeira?

— Sim.

Prof. — Mas todos os bebês, quando nascem, mamam no peito da mamãe e tomam mamadeira?

— Não! Só depois que crescem um pouco.

Para dar início à produção, a professora leu o primeiro item da lista do planejamento. Essas idas e vindas ao registro feito anteriormente asseguram que o que foi discutido será escrito na versão final. O planejamento não resolve todos os problemas, mas conduz o conteúdo e o que será escrito. A cargo da textualização, ficam a forma como o texto deve ser escrito e a organização do discurso.

Nas situações de escrita, durante a textualização, o escritor ocupa muitas vezes o papel de leitor, para que assim regule a escrita o planejamento. Nas produções em que o professor é o escriba, ele também tem o papel de ler em voz alta o que está sendo escrito para que os estudantes possam, como leitores/escritores, fazerem ajustes. Dessa forma, a revisão acontece durante todo o processo de produção, incluindo o de textualização. Mas é conveniente também que ela ocorra depois de alguns dias, permitindo que as crianças se desloquem do papel de escritores e assumam o de revisores, isto é, de pessoas que buscam problemas e pontos fortes em seus textos. É assim que as crianças experimentam o papel de leitores críticos de suas próprias produções.

Se a professora, por exemplo, não tivesse feito intervenções durante a textualização, o planejamento poderia ter se tornado o próprio texto. Assim, a informação de que "os bebês são pequenininhos e não sabem comer" pôde ser complementada por algo já dito pelas crianças. Por isso, ela pergunta ao grupo: "Como não sabem comer? Mas, então, como fazem para se alimentar? Será que os bebês não precisam se alimentar?". O mesmo acontece quando a professora pergunta "Mas todos os bebês, quando nascem, mamam no peito da mamãe e tomam mamadeira?".

Como modelo de escritora experiente, a professora insere conectivos e chama a atenção para relações que precisam ser repensadas. Com a leitura em voz alta, ela explicita soluções para os problemas encontrados. Sozinhos, aos 3 anos de idade, essas observações e soluções não seriam possíveis, e o texto ficaria com informações incompletas e incoerentes. Na medida em que as crianças participam de situações como essas, aprendem sobre o funcionamento da linguagem escrita, conhecendo as relações entre os fatos relatados e suas formas de expressão, ampliando o vocabulário e conhecendo recursos da língua para escrever melhor.

Prof. — A gente colocou aqui na nossa lista que eles tomam mamadeira. Vamos explicar melhor? Eles mamam no peito e na mamadeira?

Prof. — Fala Mathias.

— Primeiro os bebês mamam no peito e depois tomam leite na mamadeira. Eles comem papinha.

Prof. — Ah, isso também tem na nossa lista, que eles comem papinha porque não têm dentes, né? Então espera. A gente pode pôr essa parte depois dessa outra. Primeiro, vamos escrever sobre mamar no peito e na mamadeira, pode ser? Pode ser pessoal?

— Sim.

Quando a professora retoma uma ideia escrita no planejamento, a de que os bebês tomam mamadeira, ela propõe que expliquem melhor; e esse é outro problema que as crianças precisam resolver. O papel da professora, assim, é explicitar às crianças os dilemas enfrentados por quem escreve. Devido à idade das crianças e à sua pouca experiência com esse tipo de situação, a ação mediadora da professora sempre convida o grupo a pensar sobre o que e de que forma escrever, completar as ideias, deixar o texto coeso e coerente, agrupar os assuntos, considerar o leitor, revisar e reescrever.

Prof. — Todo mundo pode dizer como acha que fica melhor, tá bom? Será que todo bebê mama no peito e em seguida toma mamadeira? O que vocês lembram que as famílias contaram?

— Quando os bebês são pequenininhos mamam no peito e depois que crescem tomam leite na mamadeira.

Prof. — Ah, então a gente conversou que muitos de vocês mamaram no peito por bastante tempo e depois de um ou dois anos começaram a tomar leite na mamadeira.

Vou ler como está escrito até agora e já vamos pensando em como explicar a parte da mamadeira. OS BEBÊS

NASCEM E MAMAM NO PEITO DA MAMÃE. E agora? O que escrevemos?

Quando crescem um pouco, tomam leite na mamadeira.

Com 1 ou 2 anos.

O Pedro contou que tomou mamadeira com 6 meses.

Prof. — Então vamos escrever isso aqui?

— Sim.

Prof. — OS BEBÊS NASCEM E MAMAM NO PEITO DA MAMÃE. QUANDO CRESCEM UM POUCO.

— Com 1 ou 2 anos

Prof. — COM 1 OU 2 ANOS.

— Tomam na mamadeira.

Prof. — COMEÇAM A TOMAR LEITE NA MAMADEIRA. ALGUNS BEBÊS JÁ COMEÇAM A TOMAR MAMADEIRA DEPOIS DE ALGUNS MESES.

— Quando é pequenininho não consegue segurar.

Prof. — Isso! O Luca deu uma ideia muito boa para a gente colocar aqui. Como os bebês pequenos tomam mamadeira se não conseguem segurar?

— A mamãe segura.

Prof. — Quando o bebê é pequeno não consegue segurar e, então, a mamãe segura para ele. Pode ser assim, pode?

— Pode.

Prof. — Então vamos escrever.

Depois eles conseguem segurar. Depois que crescem.

Prof. — A Manuela falou uma coisa importante para a gente colocar aqui: nem sempre a mamãe ou um adulto precisa segurar a mamadeira para as crianças tomarem leite.

— Quando eles ficam grandes, conseguem segurar sozinhos.

Prof. — Boa, Alice. Então vamos escrever isso aqui também?

— Sim.

— Criança grande não toma mamadeira. Toma no copo.

— Ou com canudo.

Prof. — Então, podemos acrescentar essas informações?... Agora eu vou ler para vocês verem se está bom. Ouçam e ajudem a deixar o texto bem explicado.

OS BEBÊS NASCEM E MAMAM NO PEITO DA MAMÃE. QUANDO CRESCEM UM POUCO, COM 1 OU 2 ANOS, COMEÇAM A TOMAR LEITE NA MAMADEIRA. QUANDO OS BEBÊS SÃO PEQUENOS, NÃO CONSEGUEM SEGURAR A MAMADEIRA E, ENTÃO, AS MAMÃES SEGURAM PARA ELES. QUANDO ELES FICAM GRANDES ... O que mais?

— Seguram a mamadeira sozinhos.

Prof. — Pronto! Ficou muito bom, não acham?

— Sim.

Prof. — Já escrevemos sobre tomar leite, agora vamos escrever o que o Mathias sugeriu sobre a papinha?

— Sim.

Prof. — Como começamos?

— Os bebês comem papinha.

— Só depois, quando crescem um pouco.

Prof. — Então, vou escrever aqui: QUANDO OS BEBÊS CRESCEM UM POUCO, COMEM PAPINHA.

— E fruta raspadinha.

Prof. — E FRUTA RASPADINHA. Ficou ótimo! Eu vou ler como está o nosso texto até agora e vou riscando na lista o que a gente já falou, tá?

Prof. — Na nossa lista, está escrito que os bebês não têm dentes.

— Por isso comem papinha.

Prof. — Como escrevemos?

— Os bebês não têm dentes.

Prof. — Vou escrever e ler o texto para ver como fica... OS BEBÊS NÃO TÊM DENTES.

— Têm sim!

— É que demoram para nascer.

Prof. — Então, precisamos pensar em como fica melhor.

— Os dentes dos bebês demoram para nascer.

— Por isso eles comem papinha, que é comida amassadinha.

Prof. — Posso escrever isso? Todos concordam?

— Sim!

Enquanto a professora faz a leitura do texto escrito até então, inclui o que as crianças dizem e pergunta sempre se todos estão de acordo. Atuando assim, ela evidencia que a produção é coletiva e que as decisões não são tomadas só por ela, mas pelas crianças também.

Prof. — Agora tem outra parte. Quer falar alguma coisa, Malu?

— Ele pode brincar no brinquedo. Mas ele tem que ir com a mamãe.

Prof. — É verdade! Um dia, a gente vai escrever sobre as brincadeiras dos bebês, tá bom?, aí, podemos colocar o que você falou. Agora a gente está escrevendo sobre a alimentação dos bebês, tudo bem? Mas vou deixar aqui anotado para não esquecermos de falar sobre as brincadeiras, tá?

Para as crianças, sobretudo as bem pequenas, é muito fácil sair do assunto. Então, quando uma criança sugere falar sobre brinquedo, a professora valida sua ideia e diz que em outro momento escreverão sobre esse assunto. Ela retoma, assim, a ideia central, o foco do texto que está sendo elaborado, ajudando as crianças a se manterem no assunto, o que também é papel do mediador nesse tipo de situação.

Prof. — E depois que os dentes crescem? É importante escrever no texto?

— Sim!

Prof. — Então, vamos lá! QUANDO OS DENTES CRESCEM... O que podemos escrever?

— Eles começam a comer comida.

— Eles começam a comer arroz e feijão.

— Batata, macarrão e carninha também.

— Bebezinho não consegue mastigar, só crianças com dentes.

— Eles não sabem mastigar.

— Eles podem ficar sem ar.

Prof. — Vou escrever essas coisas que vocês estão falando. Julia disse que eles não sabem mastigar, mas Gabriel disse

uma coisa importante também. O que você falou, Gabriel?
Explica melhor para a turma o que você quer dizer.

— Eles podem ficar sem ar porque, se eles não conseguem mastigar, podem engolir pedaços de comida grandes e engasgar.

Prof. — Ah, aí eles ficam sem ar, né?

— Sim!

Outro aspecto a ser destacado é que a professora promove a interação entre as crianças durante a produção de texto, que é feita em roda. É bastante comum as crianças se dirigirem somente à professora como interlocutora, mesmo em uma produção coletiva, quase como se fosse um diálogo entre a professora e a criança dentro do grupo. Quanto menores as crianças, ou quanto menos experientes em situações desse tipo, mais facilmente isso ocorre. Assim, a professora emenda as falas de dois colegas, mostrando que elas se complementam e podem qualificar o texto.

Prof. — Vamos ler essa parte para ver como ficou: OS DENTES DOS BEBÊS DEMORAM PARA NASCER. POR ISSO, ELES COMEM PAPINHA E FRUTA RASPADINHA. QUANDO OS DENTES CRESCEM, ELES COMEÇAM A COMER ARROZ,

FEIJÃO, BATATA, MACARRÃO E CARNINHA. BEBEZINHOS NÃO SABEM MASTIGAR E PODEM ENGASGAR SE COMEREM PEDAÇOS DE COMIDA. É isso, Gabriel?

— Sim.

— Meninos e meninas grandes conseguem.

— Escreve também que os bebês vão crescendo e muitos dentes vão nascendo.

Prof. —Está bem! Concordam com a ideia da Juliana e do Mateus?

— Sim.

Prof. —Alguém quer acrescentar mais alguma coisa sobre os dentes? Não? Vamos ver o que falta falar da nossa lista. Sim! Aqui está anotado: "como as crianças comem". Vocês ainda querem acrescentar isso ao nosso texto?

— Sim.

Prof. — Então, vamos lá. O que vocês lembram da nossa conversa sobre como as crianças comem?

— Elas comem com colher ou garfo.

— Não, elas comem com a mão!

Prof. — Como resolvemos isso? Elas comem com a mão ou com colher e garfo? Ou algumas comem com a mão e outras comem com colher e garfo?

— Algumas com a mão e outras com colher e garfo.

Prof. — Posso escrever assim?

— Sim.

Prof. — Então, me ajudem a lembrar o que devo escrever. ALGUMAS CRIANÇAS comem com a mão e outras comem com colher e garfo.

Prof. — Pronto! Mais alguma coisa?

— Tem criança que come na boquinha.

— É verdade! Que a mamãe dá!

— Ou com o papai.

— Ou com o vovô.

— Com a vovó.

— Com o papai.

— Eu já falei isso.

Prof. — É verdade que você já falou. É que ela lembrou que o papai também pode dar comida na boca da criança, não é? Não faz mal, eu só vou escrever uma vez. Foi só para lembrar, não é mesmo?

— Sim.

Prof. — Vou escrever aqui.

Para incentivar a participação de todas as crianças, a professora reforça que vale inclusive falar o que um colega já tenha dito. Sabe-se que, quando as crianças se tornarem mais experientes, uma das orientações será a de prestar atenção ao que os colegas dizem ou já disseram para avançar no texto sem repetir o que já foi dito. Porém, nesse momento, é importante que elas se sintam confiantes para participar. Além disso, também estão aprendendo a contribuir com o tema e a não falar sobre outros assuntos, o que ainda é um grande desafio nessa faixa etária.

Prof. —Já estamos acabando o texto. Alguém quer acrescentar algo? (Alguns levantam a mão e a professora convida uma criança que ainda não tinha falado).
Prof. — Fala, Helena! A Helena não falou ainda. É a vez dela.
— Eles comem papinha.
Prof. — Ah, sim. Comem papinha. Já escrevemos que eles comem papinha, o que você quer falar mais sobre a papinha?
— Que é comida bem bem amassadinha.
Prof. — Ah, certo! Vou acrescentar na parte que falamos da papinha. Vamos ver o que está escrito e você ajuda a pensar onde a gente acrescenta, está bem?

OS DENTES DOS BEBÊS DEMORAM PARA NASCER, POR ISSO ELES COMEM PAPINHA...

— Nessa parte!

Prof. — Eu escrevo aqui que é comida amassadinha?

— É, aí.

Quando Helena pede a palavra, a professora abre espaço para que fale pela primeira vez na situação de produção e ela retoma algo que já tinha sido dito, então, a professora relê o que foi escrito sobre a papinha. A partir da resposta da criança, a professora organiza o texto. Assim como Helena, os demais são aprendizes do funcionamento da linguagem escrita e das diversas possibilidades de organizar as informações e o discurso. Enfrentam, assim, o desafio, com o qual todos os que se põem a escrever precisam lidar, de organizar o discurso oral em discurso escrito.

Prof. — Vou riscar mais isso da nossa lista. Escrevemos tudo o que tinha em nosso planejamento. Alguém gostaria de acrescentar algo mais?

— Sim! Que os bebês usam babador. Olha nessa foto!

Prof. — Querem escrever isso?

— Sim!

Prof. — Então, vamos lá!

Ao encerrar a lista e perguntar se há algo que as crianças ainda gostariam de acrescentar ao texto, a professora ajuda as crianças a observarem que o planejamento não é rígido, que serve de apoio à produção, mas que pode ser complementado com novas ideias durante a escrita. Ampliar os temas listados no planejamento também propicia, por meio dos questionamentos que isso impõe, uma melhor organização sobre a compreensão e a expressão das experiências vividas, tomando consciência delas e melhor dimensionando-as para si mesmos e para os destinatários do texto.

Prof. — Ficou bom assim? Tudo que a gente tinha anotado na lista, a gente já escreveu. Olha só, está toda riscada (mostrando a lista para as crianças). Agora eu vou ler o texto todo para ver se está bom. Quem quiser acrescentar alguma coisa, fala. Combinado? Nosso texto chama *Alimentação dos bebês*. (inicia a leitura) OS BEBÊS NASCEM E MAMAM NO PEITO DA MAMÃE. QUANDO CRESCEM UM POUCO, COM 1 OU 2 ANOS, COMEÇAM A TOMAR LEITE NA MAMADEIRA. QUANDO OS BEBÊS SÃO PEQUENOS, NÃO CONSEGUEM

SEGURAR A MAMADEIRA E, ENTÃO, AS MAMÃES SEGURAM PARA ELES. QUANDO ELES FICAM GRANDES, SEGURAM A MAMADEIRA SOZINHOS.

QUANDO OS BEBÊS CRESCEM UM POUCO, COMEM PAPINHA E FRUTA RASPADINHA.

OS DENTES DOS BEBÊS DEMORAM PARA NASCER, POR ISSO, ELES COMEM PAPINHA, QUE É COMIDA AMASSADINHA, E FRUTA RASPADINHA. QUANDO OS DENTES CRESCEM, ELES COMEÇAM A COMER ARROZ, FEIJÃO, BATATA, MACARRÃO E CARNINHA. BEBEZINHOS NÃO SABEM MASTIGAR E PODEM ENGASGAR SE COMEREM PEDAÇOS DE COMIDA.

ALGUMAS CRIANÇAS COMEM COM A MÃO E OUTRAS COMEM COM COLHER OU GARFO. TEM CRIANÇAS QUE COMEM COM A MAMÃE, COM O PAPAI, COM A VOVÓ OU COM O VOVÔ DANDO NA BOQUINHA, E TEM CRIANÇAS QUE COMEM SOZINHAS.

OS BEBÊS USAM BABADOR.

— Para não se sujar...

— PARA NÃO SE SUJAREM.

Prof. — Pronto! Mais alguma coisa? (As crianças repetem alguns tópicos do planejamento e a professora relembra que já escreveram).

Prof. — Então está bom assim? Acham que ficou bom?

— Sim!

Prof. — Então, está bem. Depois eu vou digitar esse texto e ele também vai para o nosso álbum *Olha como a gente cresceu*. Quando esse álbum for para casa, vocês vão poder ler esse texto com a família. Combinado?

Ler o texto produzido na íntegra para revisá-lo é um procedimento usual entre os escritores experientes. Ao fazer essa releitura completa com as crianças, a professora também retoma o propósito do texto e anuncia procedimentos ligados à edição final do álbum e o cuidado com o produto final, considerando o leitor e o propósito comunicativo.

Outra medida importante nas diferentes situações de produção coletiva de textos, que é também uma das mais desafiantes para o professor, é não solucionar imediatamente os problemas, mas apontá-los e devolvê-los aos estudantes, oportunizando que pensem a respeito deles. Com isso, o intuito é que o professor mostre às crianças as dificuldades que se enfrenta ao escrever e implique-as na busca por formas melhores de se expressar por escrito.

Como se pode observar durante a análise das produções coletivas apresentadas neste capítulo, as crianças da Educação

Infantil são capazes de produzir textos mesmo sem saber ler e escrever convencionalmente. Promover a prática de escrita de textos na escola favorece a compreensão de que escrever tem sentido e é um meio muito importante para cumprir determinados propósitos comunicativos. Produzir um texto implica pôr em jogo muitos conhecimentos textuais, compreendidos por meio da leitura e escrita, e supõe levar em conta o ponto de vista do leitor potencial e resolver, durante o processo de escrita, inúmeros problemas como: planejar o que dizer, a forma de dizer e para quem dizer; revisar durante a produção para controlar o que já foi escrito e o que falta escrever e revisar o texto finalizado para verificar se serão necessários ajustes em favor da coerência e do propósito comunicativo inicial.

O foco das situações em que as crianças escrevem através do professor está na aprendizagem da linguagem escrita. Para que as crianças atuem como escritoras e avancem em relação às aprendizagens sobre a língua, não basta participar de situações de leitura; é importante também que se coloquem no papel de quem escreve.

A intervenção docente, atuando como escriba, é imprescindível durante todo o processo de escrita coletiva. Enquanto participa da produção, o professor lança mão de tudo aquilo que está implicado na produção e estabelece com os estudantes um diálogo de "escritor para escritor", criando condições que lhes permitam apropriar-se, gradativamente, do processo de escrita e de características das situações comunicativas, dos gêneros.

Mesmo sem saber ler e escrever de forma convencional, sem dominar nomes de letras, sem saber de memória a ordem alfabética, sem, talvez, conseguir traçar as letras de forma correta e tampouco sem saber sobre fonemas (conteúdo usualmente trabalhado nas turmas finais da Educação Infantil e que contraria o processo de apropriação da escrita vivenciado pelas crianças), desde que por meio da mediação do professor. Conforme as experiências se multiplicam, as produções ganham mais qualidade e a participação das crianças na situação de produção do texto se amplia. Isso mostra que é preciso oferecer oportunidades para que as crianças reflitam sobre a língua e busquem soluções para problemas reais de comunicação, inclusive quando integram a Educação Infantil.

As situações em que as crianças ditam ao professor potencializam o intercâmbio de ideias e favorecem a construção de novas aprendizagens e, por ocorrerem em grupo, permitem a verbalização dos diversos problemas que um trabalho silencioso de escrita individual não explicita. O trabalho coletivo permite que se promova o confronto de distintas ideias e formas de resolução de um mesmo problema. Nesse ambiente, a criança se sente mais à vontade para contribuir com a produção do texto e para discutir sobre a opção mais adequada ao seu sentido.

Quando o professor também contribui com ideias, as crianças aprendem sobre a linguagem escrita, o funcionamento da língua e sobre como organizar o discurso nas produções de textos escritos. Sua participação deve acontecer de modo a não impedir o processo construtivo ou a elaboração de estratégias próprias para resolver os problemas colocados. Devido à sua experiência com a língua e como escritor, às vezes somente o professor tem a solução para melhorar a fruição do texto. Nesses casos, é necessário oferecer a informação aos estudantes. Não é preciso, nem recomendável, que as crianças "adivinhem" o que falta. Como parte integrante do grupo, essa é a ajuda esperada no momento da produção.

A escrita de textos tendo o professor como escriba é, em geral, uma produção coletiva e é importante que todos, ou a maioria, participe. Essa não é uma tarefa fácil! É relevante ressaltar algo que já apontamos anteriormente: ainda que as crianças não falem em uma situação coletiva, não quer dizer que não estejam participando. A participação, muitas vezes, se dá na condição de ouvintes. O não falar pode representar diversas questões: ser tímido, achar que não tem boas ideias, não encontrar espaço porque outras crianças falam antes, estar num processo de escuta atenta, etc. Lidar com essas circunstâncias requer do professor outras intervenções que podem acontecer de diferentes maneiras: convidar as crianças que não falam ou falam muito pouco para participar; conversar antes da situação de escrita para ajudar o grupo a se preparar para a atividade; fazer novas perguntas para algumas crianças; e, até mesmo, chamar a atenção daqueles que se distraem mais facilmente. Outra possibilidade seria a de, periodicamente, propor essas produções com grupos menores, favorecendo que também os mais tímidos ou aqueles que tendem a ficar mais como ouvintes contribuam com o ditado.

Quanto mais as crianças participarem de situações como essas, mais conhecerão sobre a língua escrita e melhores usuários dela serão, independentemente da etapa da escolaridade em que estejam. A escrita de textos não é a etapa final da alfabetização, portanto, pode e deve ser trabalhada paralelamente, inclusive na Educação Infantil.

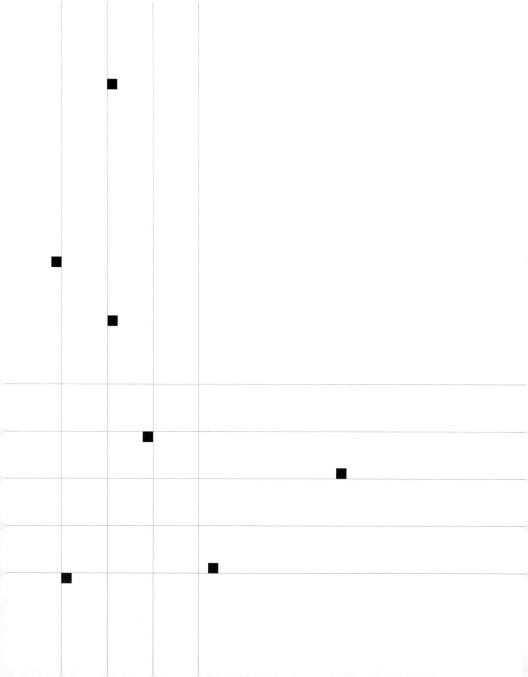

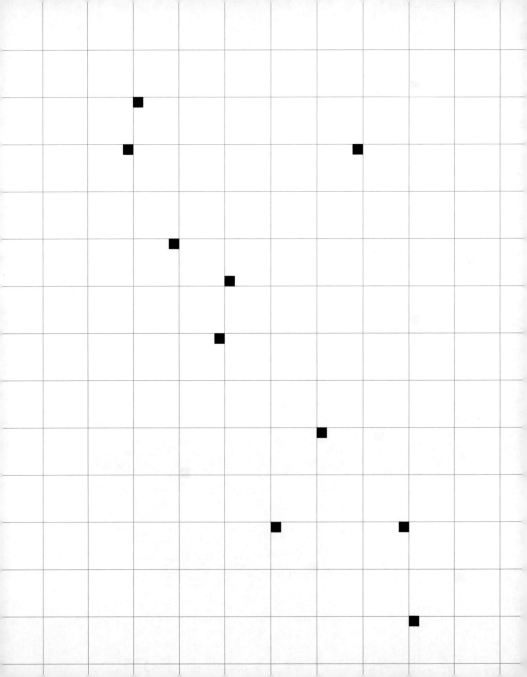

2 Textos que apoiam a produção textual

Quem se lembra das propostas de redação tradicionalmente realizadas nas escolas? Os professores entregam às crianças uma folha de papel, que deve ser recolhida ao final da aula para ser avaliada. Os textos não têm gêneros definidos, e o pedido é sempre o mesmo, independentemente do momento da escolaridade, com enunciados que mencionam a escrita de uma história a partir de temas, tais como *Minhas férias*, *Minha família*, *Meu primeiro dia de aula*, *O meio ambiente*, ou de uma imagem ou sequência de imagens "inspiradoras". Mas o que se espera dessas produções? Que as crianças sejam criativas? Que mostrem que sabem escrever um texto? Que atestem seus conhecimentos sobre ortografia e pontuação? No fundo, talvez, a intenção seja a de que as crianças aprendam a escrever bons textos.

Partindo dessa ideia, é preciso ponderar: Quais eram as intervenções realizadas para auxiliar os estudantes na produção?

O que se fez antes, durante e depois da escrita da primeira versão, de modo a oferecer suporte para que os estudantes avançassem em relação ao conhecimento sobre a língua e a linguagem escrita? De que maneira conhecimentos sobre gramática e ortografia poderiam ser acionados pelos estudantes para produzir bons textos?

Não basta oferecer temas e esperar dos estudantes que escrevam usando conteúdos ensinados de forma isolada, afinal, o ensino de gramática, ortografia e pontuação deve favorecer a aprendizagem sobre produção de textos. É preciso ensiná-los, orientá-los e auxiliá-los para que se tornem escritores competentes. Além disso, a produção textual, como pontuado na Introdução, é parte de um processo e não uma atividade isolada, realizada em uma única aula.

Também é preciso considerar que todo escritor necessita de referências, seja para escrever uma monografia, um livro de crônicas, uma história em quadrinhos ou um cartaz para uma campanha. A partir das referências, o autor costuma tomar notas para planejar o que escrever, selecionar algo interessante para se referir em seu texto ou mesmo para se apropriar de modo a contribuir com suas reflexões, fazer uso de citações e refletir sobre o que e como escrever. Todos esses registros favorecem e apoiam a escrita do texto pretendido, podendo ser retomados ao longo de toda a produção. Esses registros são chamados, por Mirta Castedo (2000), de *textos intermediários*.

Os textos intermediários são aqueles que não serão publicados, pois servem somente ao autor, e cumprem o papel de apoiar a escrita da primeira versão e igualmente os momentos de revisão. São anotações do que não pode faltar em uma carta, por exemplo; ou registros de tópicos que farão parte de um texto acadêmico; ou, ainda, informações sobre determinadas crianças para escrever um relatório ao orientador da escola. Essas notas, que serão retomadas quando o texto for escrito, são produzidas, normalmente, pelo próprio autor, pois é ele quem seleciona o que lhe interessa para que, de fato, apoie a sua escrita. São, assim, produto de sua reflexão sobre o propósito comunicativo.

Tal qual ocorre socialmente, eles são fruto de um processo de tomadas de decisões e de ações por parte do escritor que precisa definir o gênero e o texto, planejar o conteúdo a ser inserido e, por vezes, também a forma de fazê-lo, compor uma primeira versão e revisá-la enquanto escreve, realizar retornos ao texto para apurar a revisão e editar, ajustando o texto para o portador definido previamente bem como para os destinatários. Importante salientar que, enquanto produções realizadas na escola, a proposta é que os estudantes se ocupem de deixar seus textos bem escritos considerando a situação comunicativa prevista, obviamente, dentro de suas possibilidades naquele momento da escolaridade.

E assim como as ações que integram a produção, esses registros que apoiam a produção também devem ser ensinados na escola, pois fazem parte de um procedimento usual entre escritores e são um recurso importante para a composição de um texto.

Que anotações podem ajudar a produzir contos, descrições, notas de enciclopédia, cartas, indicações literárias, relatórios? Como fazer um planejamento? O planejamento de um conto é igual ao planejamento de um texto informativo? Os registros mudam a depender do gênero? Em que momento são feitos? O que anotar enquanto lemos textos que podem servir de modelo para a escrita de outros textos? O que posso observar em um conto para me ajudar a escrever um texto de qualidade do mesmo gênero? De que forma registro o que foi observado? Todas essas questões devem fazer parte das reflexões dos professores, de modo a ensinar os estudantes a buscarem elementos nos textos de referência que os ajudem a escrever melhor.

As intervenções devem estar a serviço da produção de registros que, de fato, possam ser retomados pelas crianças e apoiem a produção. Tais registros podem acontecer antes, durante ou depois da escrita da primeira versão do texto, ou seja: para planejar, para serem consultados durante a textualização ou para aprimorar o que se escreveu durante as situações de revisão. O professor intervém na produção para que os estudantes, que ainda não fazem isso por si mesmos, usem essas anotações.

Ainda que tomar notas seja muito importante para o autor, a escola normalmente não dá importância a isso. Essa atividade tende a ter um caráter muito geral nas orientações do professor, não favorecendo retomadas e análises. O professor costuma propor algo como: "Façam uma anotação sobre o que conversamos", "Anotem o que ficou de importante". Propostas dessa maneira, as orientações não se constituem em situações favoráveis para a produção textual.

Vejamos alguns exemplos para refletir sobre encaminhamentos que efetivamente favoreçam a produção de registros:

Texto coletivo sobre informações de Pedro Malasartes e suas histórias:

Quem Pedro Malasartes engana?	Pessoas gulosas, ricas, egoístas, mão-de-vaca, gananciosas, esnobes, ambiciosas, mentirosas, que se gabam e exploram os outros.
	Fazendeiros e vendedores.

Quais são os motivos para Pedro fazer suas "artes"?	Ganhar dinheiro, comida, cavalo,chapéu, roupas, para dar um troco nas pessoas e vingança.
Tipos de enganações que Pedro faz	Gruda dinheiro na árvore e fala que a árvore dá dinheiro e precisa amadurecer para colher.
	Mostra-se preocupado dizendo que irá cair um boi do céu.
	Finge que uma pedra é um ingrediente essencial para fazer uma sopa.
	Diz que um urubu de estimação é mágico porque faz aparecer o que se deseja.
	Vende porcos e fica com rabos para falar que os animais se enterram na lama.
	Diz que tem uma biblioteca secreta com um livro importante sobre enganações.
	Finge que um cocô era um passarinho, que estava coberto com seu chapéu.
Em quais ambientes as histórias acontecem?	Fazendas, vilas, feiras, campo, roça, estrada, cidades pequenas e rua.

No primeiro exemplo, vemos um registro coletivo, ditado à professora, a partir da leitura, análise e discussão de contos populares em que Pedro Malasartes é um dos personagens. A proposta é que, posteriormente, os estudantes escrevam uma história mantendo as características desse personagem. Para essa produção, precisam descrever os cenários, a existência de uma enganação e suas motivações, por exemplo, o que demanda uma referência às histórias lidas e às análises que fizeram delas. Esses textos fazem parte de um projeto: um livro de contos com o personagem Pedro Malasartes, a ser entregue às famílias quando finalizado.

A ideia é que, frente às leituras de diversos contos que apresentam as aventuras de Pedro Malasartes, um conjunto de aspectos seja observado e registrado para que sua análise sirva como apoio à posterior criação da história. Dessa forma, os estudantes terão elementos para planejar as narrativas que irão elaborar.

Texto coletivo sobre o que é preciso considerar na escrita de uma notícia (4º ano).

O QUE É PRECISO CONSIDERAR NA ESCRITA DE NOTÍCIA

Título: precisa combinar com o assunto e os verbos precisam estar no presente.

• Os verbos de dentro notícia devem estar no passado;

• **Lide**: é o primeiro parágrafo e contém as informações principais: o que aconteceu, quando aconteceu, onde aconteceu e quem participou.

• Colocar apenas informações verdadeiras (não pode inventar nenhuma informação), que devem estar relacionadas ao assunto;

• Quem está escrevendo a notícia não pode expor a sua opinião sobre o assunto, mas pode inserir opiniões de outras pessoas.

• Os depoimentos das pessoas precisam estar entre aspas e devem estar acompanhados do nome, da profissão e, algumas vezes, da idade.

• A linguagem precisa ser formal (não podemos escrever: aí, daí, tipo assim, etc.).

• A notícia precisa ter um bom volume de informações.

Texto individual para apoiar a escrita de uma história "a la" *As mil e uma noites.*

Você produzirá uma história tendo como referência as histórias de *As mil e uma noites.* Quais aspectos você acha que o planejamento precisa considerar?

- Verbos no estilo "dar-lhe"
- Cenários antigos.
- Nomes árabes.
- O que a história conta.
- Parar para falar que amanheceu e retomar a história na noite seguinte.
- Ter um conflito na história e a resolução.

Planejamento para o conto ao estilo de As mil e uma noites — 5º ano

No segundo exemplo, também temos anotações de observações realizadas pelos estudantes, a partir das histórias de Sherazade, importante personagem de *As mil e uma noites*. Depois de ter lido, analisado e discutido um livro contendo histórias narradas por essa personagem, a proposta é que os estudantes criem uma história que também poderia ter sido contada por ela

89

VOCÊS DISSERAM QUE AS PALAVRAS LOBO E CHAPEUZINHO VERMELHO ESTÃO SE REPETINDO MUITO NO CONTO. QUAIS PALAVRAS VOCÊ USARIA PARA SUBSTITUÍ-LAS?

LOBO

SER PERVERSO
CARNIVORO
COMEDOR DEPESSOAS
BICHO MAU
MAU

CHAPEUZINHO VERMELHO

ELA
GAROTA
MEIGA
MENINA
CHAPEUZINHO

Lista de palavras para substituir lobo e Chapeuzinho — 1º ano ao Sultão. Essa produção comporá um livro que será entregue às famílias e à biblioteca da escola. Para isso, é preciso respeitar algumas características já apontadas pelas próprias crianças em seus registros e que serão consultadas no momento do planejamento da história de cada criança.

O terceiro exemplo traz uma lista de palavras que podem substituir outras, no caso, "lobo" e "Chapeuzinho Vermelho", em uma reescrita em grupo desse conto, compondo um livro que será oferecido a outra turma da escola. É muito comum, especialmente com crianças menores, que essas palavras sejam repetidas inúmeras vezes para citar as personagens do conto. Possivelmente, perceberão essa repetição nas situações de revisão, quando podem ler por si mesmas ou quando um leitor fluente o faz em voz alta, descobrindo, então, um problema em seus textos que precisa de solução. Depois de discutir com todo o grupo, os estudantes, junto com a professora, pensam em quais palavras poderiam usar para substituir as que estão sendo muito repetidas em suas reescritas. Discussão feita, registram para que possam consultar e fazer alterações em seus textos nas situações de revisão.

Outros exemplos podem ser apresentados aqui:

Registro que apoiará a produção da descrição de uma bruxa, que integra o projeto *Galeria de Bruxas* (um mural a ser apreciado pelas famílias). Proposta encaminhada com crianças de 2º ano.

O que não pode faltar em uma descrição sobre bruxa:

É um texto que conta coisas sobre um personagem. Exemplos:

- Como ele é (características físicas);
- O que come e bebe;
- A personalidade;
- O nome dele;
- O que ele sente;
- Onde mora;
- Curiosidades;
- Vestimentas e acessórios;
- Quantos anos tem;
- Coisas que ele faz;
- Como é a casa dele e do que ela é feita;
- Se tem bicho de estimação;
- Se tem amigos.

Marcadores do tempo para serem usados na escrita de um conto:

de noite	de manhã
era uma vez	um dia
logo	depois
antes	até o fim de seus dias
à meia-noite	numa noite
em 2010	numa bela tarde
muitos anos atrás	em pouco tempo
pouco antes do Natal	depois do Natal
tempos atrás	amanhã
na manhã seguinte	ontem
ano passado	dois mil anos atrás
hoje	naquele dia
na noite seguinte	naquela noite
no dia seguinte	no mês seguinte
antes de ontem	depois de amanhã
30 anos depois	no mês retrasado
na tarde seguinte	um dia depois daquele

Nas propostas de reescrita, especialmente quando os textos são mais curtos, muitas vezes observamos que a história foi mantida, a ordem cronológica foi preservada e há coerência, mas faltam passagens que descrevem melhor a situação. Questões como essa, observadas pelos professores, devem ser abordadas para que possam ser pontos de reflexão por parte dos estudantes. Tais questões podem ser tematizadas e servem para realçar problemas que as crianças encontram em suas produções, como podemos observar neste exemplo:

> **Na história *A boa sopa* (Irmãos Grimm), a menina ganha uma panela mágica. Quais são os detalhes importantes sobre esse presente que devem constar na reescrita dessa história?**
> · Mocinha pobre e piedosa que vivia com a mãe.
> · Não havia mais nada para comer na casa delas.
> · Mulher idosa que tinha conhecimento de sua pobreza.
> · A pobreza das duas acabou.

Nesse caso, uma proposta de análise de detalhes importantes pode contribuir para um texto de melhor qualidade. A fim de que esses detalhes fossem considerados, foi preciso retomar a história "com olhos de escritor" e selecionar o que precisa constar nela para que o leitor compreenda o que moveu a personagem a buscar comida na floresta.

É importante observar que, a partir de um problema encontrado no texto escrito pelas crianças, foi possível essa valorosa análise do ponto de vista de quem escreve. É nessa relação entre leitor e escritor que se dá a aprendizagem sobre a linguagem escrita. Isso não seria possível se o professor trouxesse o registro pronto para que os estudantes usassem ao reescrever. Além disso, ensinar a produzir textos na escola também significa ensinar a buscar soluções — incluindo retomar textos do mesmo gênero — para os problemas que escrever coloca às crianças. Ademais, queremos que elas tenham progressiva autonomia ao realizar essas ações, ainda outra razão para que seja um processo construído com elas e não somente oferecido a elas.

Nesse sentido, é importante ressaltar que os textos que apoiam a produção devem ser registros elaborados a partir de discussões coletivas e organizados pelos próprios autores, partindo da necessidade das situações de escrita reais, que dão sentido a esse tipo de registro. Tais textos intermediários precisam ser claros a fim de favorecer a retomada pois, caso as crianças não compreendam o conteúdo das notas, elas perdem o sentido e não são retomadas.

Planejar textos

O planejamento é um tipo especial de tomada de notas produzido para que passagens importantes da história não sejam "esqueci-das", informações fundamentais sejam inseridas numa nota de enciclopédia e todos os ingredientes estejam presentes na receita. Vale lembrar que, para o planejamento, evitamos um registro em formato de perguntas e que a estrutura sintática do planejamento seja a mesma do texto produzido, como frases prontas da história que possam ser copiadas literalmente na primeira versão do texto. Assim, se as crianças precisam escrever "Era uma vez uma menina chamada Chapeuzinho. Um dia sua mãe lhe disse…", o plano de texto listando os episódios não precisa ter construções verbais, apenas nominais: o nome de Chapeuzinho; a advertência da mãe; o encontro com o lobo, etc. Dessa forma, as crianças enfrentam o problema de escrever, de fato, considerando a linguagem es-crita, mas usando a lista de episódios como referência para não deixarem de lado qualquer evento central do conto.

Analisemos alguns exemplos de planejamentos para a reescri-ta de de contos clássicos, em um projeto de produção de um livro para a biblioteca escolar, contendo listas de episódios produzidas junto com os estudantes:

Planejamento — *As três laranjas mágicas*

• O rei achava que estava na hora de seu filho se casar.

• O rei preparou um baile.

• O príncipe não se interessou por nenhuma princesa.

• O príncipe foi à procura de uma jovem.

• Chegou a uma floresta.

• Encontrou três laranjas de ouro.

• Ele sentiu sede e cortou a primeira laranja e saiu uma moça — olhos da cor do céu e cabelos da cor do sol.

• Cortou a segunda laranja e apareceu uma jovem — olhos verdes como uma lagoa da floresta e cabelos vermelhos como uma flor de hibisco.

• Ele encontrou uma fonte e abriu a terceira laranja. Saiu uma moça de cabelos negros como o corvo e o rosto branco como jasmim.

• Ele deu água para ela e desfez o feitiço.

• Eles se casaram e subiram ao trono.

• A bruxa soube e foi para a cidade.

• A rainha se interessou pelos grampos.

• A bruxa enfiou o grampo na cabeça da rainha.

• O rei estava caçando e viu a pomba.

• A rainha não estava no castelo.

- O rei encontrou uma pérola na cabeça da pomba.
- O rei descobriu que era obra da bruxa.

Planejamento — *Baba Yaga*
- Um viúvo, uma madrasta, uma menina, baba yaga, empregada, gato, cachorro, boi.
- Casa da tia, sustentada por pernas de galinha.
- Banho quente, enquanto ficava tecendo.
- Objetos: lenço, presunto, toalha e pente, pão, óleo, fita.
- Casa do viúvo.

Planejamento — *Os três cabritos cabrões*
- Três cabritos sobem a montanha.
- Descrição do *troll*.
- Cabrito cabrão mais novo atravessa a ponte.
- Cabrito cabrão do meio atravessa a ponte.
- Cabrito cabrãozão atravessa a ponte.
- Cabrito cabrãozão e o troll começam a lutar.
- Três cabritos cabrões vão para a montanha.

No primeiro exemplo, podemos antecipar que os estudantes lidarão com menos desafios para reescrever a história *As três laranjas mágicas*, pois os episódios estão, praticamente, escritos como aparecem no texto original. Lembrando que a reescrita é uma proposta para que os estudantes aprendam mais sobre a linguagem escrita e a língua. Dessa forma, esse não é um bom modelo; a partir desse planejamento, os estudantes, provavelmente, só copiarão as frases na sequência, tal como foram escritas. O segundo exemplo não serve como um planejamento, pois o registro pouco ajuda na retomada da sequência de episódios da história. Ali, há uma mistura de lista de personagens, descrição da casa da bruxa e objetos mágicos. Já o terceiro exemplo apresenta uma lista de episódios na ordem cronológica do conto, de modo que os estudantes podem consultar cada um para desenvolvê-los, refletindo não só sobre *o que*, mas *como* escrever.

O planejamento não é algo que os estudantes aprendem a fazer sozinhos, são textos que devem ser discutidos e ensinados, tal qual ocorre com a revisão e outros textos intermediários.

Há outros tipos de planejamento que apoiam a produção. Vejamos alguns:

**Planejamento de uma nova versão do conto popular
Três príncipes, três presentes, que integra um projeto de leitura em voz alta de histórias para as famílias.**

Neste caso, os estudantes devem partir do conto original e fazer algumas modificações combinadas previamente com a professora. A proposta a seguir foi encaminhada com crianças de 3º ano.

Depois de lermos algumas versões do conto "Três príncipes, três presentes" a proposta é que você, junto com sua dupla, escreva uma nova versão considerando o que discutimos sobre os aspectos que mudam nas histórias. Para isso, vocês devem planejar quais serão as mudanças.

Título do conto	Três reis e a rainha
Local onde acontecerá a história	Cidade
Personagens	três reis e a rainha e vendedores
Objetos mágicos	caixca, óculos e estátua
Final da história	não se casa e fica trancada no quarto para sempre

Planejamento da inserção de um episódio na reescrita da história *A mãe Nevada*, 2º ano.

Você e seu colega precisam planejar um novo episódio para inserir no conto. Lembrem-se de que ele precisa combinar com toda a história.

Ela ajudava os pães pegando uma pá de padeiro. Ela ajudou um ratinho que queria um queijo que estava em uma ratoeira.

Modelo de planejamento do gênero conto — 2º ano

Planejamento de uma história que poderia ter sido narrada por Sherazade, para o livro *As mil e uma noites*. Proposta encaminhada com crianças de 5º ano: Escreva o que você e sua dupla planejaram para ser escrito no conto.

Cenário	Egito e quarto do Aladim
Personagens centrais	Marjana
Vilões	Gênio
Conflito central e resolução	*Ela vai para o Egito e encontra um gênio que rouba seu tapete. Resolução = ela encontra seu avô, conta sua jornada e seu avô luta com o gênio e prende o gênio dentro da lâmpada.
Objetos mágicos	Tapete que leva ao portal.
Narrador	Narrador onisciente, Sherazade.
Desafios para serem compridos	Vencer os canibais e as cobras.

Planejamento dos conteúdos previstos para a produção de uma descrição de deuses mitológicos, compondo uma *Galeria de Deuses* para ser apreciada por outras turmas da escola e pelas famílias. Elaborada coletivamente (ditada à professora) por crianças de 1º ano

Descrição dos deuses gregos. O que não podemos deixar de escrever:

- Nome do deus ou da deusa
- O que faz de importante
- Quem protege
- Quem é o pai, a mãe e os irmãos
- Que símbolo tem
- Não pode repetir muitas vezes o nome
- Pode contar um pouquinho de uma coisa que fez, de uma aventura

Em textos com função informativa, como legendas e notas de enciclopédia, os registros podem apoiar a retomada de informações coletadas ao longo de um percurso de pesquisa:

PESQUISA: DEUSES DA GRÉCIA

INFORMAÇÕES PARA AJUDAR A ESCREVER O TEXTO SOBRE O DEUS ESCOLHIDO:

NOME	POSEIDOM
DO QUE É DEUS:	MAR
FILHO DE:	CRONOS
IRMÃO DE:	ZEUSEADIS
PAI/ MÃE DE:	PEGASUS
CASADO COM:	AMFITRITE
VESTIMENTAS:	
SÍMBOLO:	TRIDENTE
PODER:	FAISMAREMOTOS
CURIOSIDADES:	FOINAMORADODA MEDUSA

Pesquisa sobre os deuses da Grécia — 1º ano

Depois de ter um registro sobre as informações obtidas a partir da leitura de histórias e conversas sobre os deuses gregos, as crianças têm elementos para produzirem seus textos para um livro de histórias, como podemos ver no exemplo a seguir:

> POSEIDON
> E DEUS DOSMAES PROTEGE
> AS CRIATURAS MARINÃS
> ELE FAIS MAREMOTOS
> POSEIDOM tEM BARBA BA
> NCA ECOMPIDAS
> ELE EFILIO DE CRONOS E
> IRMÃO DESEUS tEVE UM
> FILIO COM MEDUSA QUE
> SICHÃMAVA PÉGASUS
> SEU SIMBOLO E UM+RI
> DEMtE

Pesquisa: Deuses da Grécia — 1º ano: descrição

Desenho de Poseidon — 1º ano

Enfim, destacamos a importância de registros que podem ser um apoio importante aos estudantes no processo de elaboração e de revisão de um texto, qualquer que seja o gênero a que pertença, ação também realizada por escritores experientes ou mesmo por autores consagrados. Como parte das tarefas que podem integrar a produção de um texto, essas ações precisam fazer parte do currículo escolar e devem ser apropriadas, gradativamente, pelos estudantes.

3 Revisar textos nos Anos Iniciais do Ensino Fundamental

Muitas são as dúvidas dos professores ao planejar e encaminhar propostas de revisão em sala de aula, especialmente no trabalho com crianças ainda no início do Ensino Fundamental. Também muitas são as concepções sobre o que significa ensinar e aprender a revisar textos. Por isso, é importante discorrer sobre a noção de revisão que tomamos como referência. O que se entende por revisão, sobretudo na escola? Revisar é o mesmo que reescrever? O que as crianças aprendem durante as situações de revisão de textos? Quais podem ser as intervenções do professor nesses momentos? Qual é o papel do aprendiz ao revisar? Essas e outras questões serão o foco deste capítulo.

Quando analisamos nossas intenções em relação às aprendizagens envolvidas na produção de textos, inúmeros objetivos podem ser listados: apropriação da escrita alfabética e do conhecimento ortográfico, ou seja, da escrita convencional; utilização de estratégias discursivas e recursos linguísticos que as crianças aprendem como leitoras (ainda que ouvintes) e escritoras de textos (ainda que ditados); e aprendizado das distintas ações que os escritores experientes colocam em prática ao escrever textos, dentro ou fora da escola, tais como: planejar, consultar outros textos para escrever um novo, compor a primeira versão (textualizar), revisar durante e depois da textualização, compondo distintas versões, editar, etc.

Todas essas ações ganham especificidades a depender dos aspectos envolvidos na produção de um determinado texto. Bernard Schneuwly e Joaquim Dolz (2010, p. 22) destacam alguns elementos que devem ser considerados na produção textual:

• O enunciador (Qual papel social adotar para escrever?);

• O objetivo comunicativo a atingir (O que se pretende com o texto a ser produzido? Para que serve o texto que produzo? Quais são as expectativas?);

• O destinatário (A quem se dirige o texto? Quais são as características particulares do meu leitor? […] Como adaptar-se a ele?);

• O lugar social (Quais são as características da instituição em que o texto vai circular?).

É preciso pensar no conteúdo e também na forma de comunicá-lo por escrito, levando-se em conta o tema, o destinatário e o lugar social ocupado pelo autor. Por exemplo, se um professor precisa redigir um relatório para as famílias, deverá planejar o conteúdo e como quer fazer o comunicado, já que não se trata de um texto destinado a um colega de profissão capaz de compreender a linguagem pedagógica; se um jovem precisa produzir um artigo acadêmico, deve utilizar uma linguagem formal e cumprir com as normas que tal texto exige; se alguém quiser mandar uma mensagem no WhatsApp para um amigo, pode utilizar linguagem informal, marcas de oralidade e palavras abreviadas, desde que garanta a compreensão do contexto.

Como a escrita está presente em muitas situações do cotidiano, a escola também deve garantir essa diversidade de oferta nos contextos de aprendizagem. Há diversas situações que professores, inclusive os que trabalham com crianças pequenas, podem propor em sala de aula, tais como: convidar colegas de outra turma para brincar; registrar o que foi aprendido sobre um tema de estudos ou um conteúdo específico; fazer um livro de receitas culinárias preferidas do grupo; ofertar regras de brincadeiras para serem aprendidas por outros; reescrever histórias preferidas para compor um livro; produzir legendas e indicações literárias, etc. Para cada uma das propostas, há de se pensar em *o que* escrever considerando *quem* serão os futuros leitores e igualmente *qual* será o portador textual.

Ao refletir sobre como se dá esse trabalho junto às crianças que iniciam o Ensino Fundamental, é necessário levar em conta a pouca experiência escritora e leitora que possuem no começo desse segmento. Assim, diferentemente do que ocorre com escritores experientes, as ações envolvidas na elaboração de um texto não se dão de maneira recursiva: crianças do 1º ou 2º ano do Ensino Fundamental, por exemplo, não conseguem revisar enquanto escrevem uma primeira versão do texto, pois a tarefa de escrever e ler simultaneamente exige conhecimentos mais aprofundados sobre a língua e os textos.

É justamente por isso que, ao longo dos Anos Iniciais do Ensino Fundamental, o trabalho com a produção de textos também inclui aprender a realizar as ações necessárias a essa tarefa. Nesse momento da escolaridade, esse conjunto de ações, socialmente recursivas, se configura praticamente como uma sequência de etapas, da consulta a modelos e do planejamento à edição. E precisamos considerar essa característica das crianças, apoiando-as para que, de forma gradativa, também sejam capazes de colocar em jogo essas diferentes ações ao mesmo tempo, sem mais vê-las como etapas subsequentes.

Então, depois de planejar o que escrever considerando o destinatário, o propósito comunicativo e o lugar social, é hora de organizar o planejamento, textualizar e estabelecer o discurso. Nesse momento, os saberes construídos sobre a língua e a linguagem escrita (os gêneros e os textos) são acionados para o propósito comunicativo. A revisão cumpre o papel de aprimorar a primeira versão e tende a vir posteriormente, ainda que sempre convidemos as crianças a reler o texto enquanto escrevem e as auxiliemos nesse processo. A edição acontece, efetivamente, como ação final, quando se decide a forma de apresentação do texto: o tamanho da fonte, o tipo de suporte, acabamentos e ilustrações, se houver. É certo, porém, que a escrita, quando realizada num processador de textos, favorece ações recursivas, mesmo por parte das crianças que iniciam esse segmento: o texto fica mais nítido — e mais próximo às escritas sociais — quando visto na tela do computador, permitindo às crianças que o retomem com mais facilidade; é possível alterar fontes, tamanhos e espaçamentos, mesmo durante a produção; revisões também tendem a ocorrer mais durante a produção do texto quando composto por meio desse recurso (LUIZE, 2007).

O item a seguir tratará mais especificamente do papel, e do ensino, da revisão, tarefa fundamental não apenas para que se aprenda a produzir textos, mas também para que se aprenda sobre os textos e os recursos da língua.

Revisar textos na escola

É muito importante ressaltar que revisão é diferente de correção. Mirta Castedo, em diversas situações de formação de professores, insiste que é preciso distinguir a correção do professor no texto da criança, da revisão, e eventual reescrita, que ela mesma faz de seu texto. Entendem-se por correção os apontamentos, verbais ou por escrito, que um leitor não autor faz em um texto escrito. Isso significa que a tarefa de revisar cabe, sempre, aos autores do texto. Quando um leitor, não autor — e isso inclui o professor —, realiza apontamentos no texto, ele o corrige. Vejamos o exemplo que segue:

Produção 1
Texto escrito pela criança e corrigido pela professora.

DESCRIÇÃO DA PROPOSTA: produção de uma fábula para compor um livro coletivo a ser doado à biblioteca do bairro. A proposta foi encaminhada junto a estudantes do 5º ano.

Veremos que, nesse caso, a professora aponta e soluciona todos os problemas que o texto apresenta, tanto relacionados aos aspectos discursivos (estrutura, linguagem, adequação ao gênero, etc.), quanto aos notacionais (resolve as frases sem sentido, insere palavras no texto da criança, resolve o desfecho da história, cuida da pontuação, ortografia e paragrafação), ou seja, ela efetivamente corrige o texto.

Ao atuar desse modo, a professora não oportuniza à criança retomar o texto e refletir sobre sua escrita; ela a impede de pensar de que maneira poderia deixá-lo mais bem escrito, de buscar soluções em textos de referência ou de estabelecer intercâmbios com os colegas para verificar como resolveriam as mesmas questões; a criança deixa de avançar em relação à compreensão sobre a língua e sobre a linguagem que se escreve, bem como sobre como se revisa um texto.

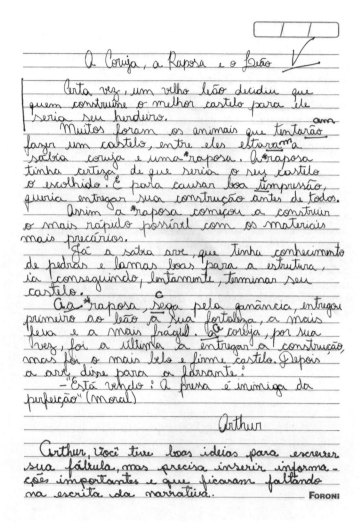

Acima e na próxima página, texto escrito pela criança e corrigido pela professora — 5º ano

Que tal agora, na segunda versão, explicar o motivo que fez com que o leão desejasse um castelo? Por que o leão pensou em doar toda a sua herança a quem construísse o melhor castelo?

Você escreveu vários adjetivos para caracterizar a coruja, mas não fez o mesmo com a raposa. É importante inserir essas informações para que fiquem claros o perfil e o comportamento das personagens.

Dica: A palavra raposa se repete de modo excessivo. Onde aparece *, você poderia substituir por outras palavras, por exemplo, usando "ela", "felino", "a esperta"...

Releia a sua fábula, corrija o que foi assinalado e complete-a de forma que apresente mais sentido ao texto.

Beijos,
Amanda

Produções 2 e 3
Textos escritos pelas crianças e revisados por
elas mesmas

DESCRIÇÃO DA PROPOSTA: Escrita da descrição de uma bruxa criada pela criança a partir de leitura e conversa sobre histórias tendo bruxas como tema. Essa proposta foi encaminhada com crianças do 2º ano.

PRODUTO FINAL: O texto fez parte de uma galeria de bruxas, exposta em um mural. A produção digitada se refere à versão inicial produzida pelas crianças. As marcas de revisão foram inseridas posteriormente, de forma manuscrita.

BRUXA KUKA

OS AMIGOS ÇÃO UN FEITICERO UN DRAGÃO EUMA

SEREIA QUECECHAMA IARA ELABEBI AGUA COM BARATA

ELATANBEUSA PARAUMARECEITA COCO DE PORQUINHO

DA INDIA OSPODDERES MAGICOS PARATRANSFORMAR

UMA CRIANSA ENPAIS AQUESA 2 OLHOSPOROS 3CENOURAS

E 1 TOMATE NUMCALDERÃO CHEIO DE ÁGUA

A CRECENTE 1 PÊLO DE ELEFANTE 3 LAGRIMAS DE

GIGANTE PIM *ELA ARANJA A COMIDA

NAS ARVORES E ESPERA

PA CUANDO FICAR PODRE

* O PONTO FRACO E A

LUS DO DIA

Descrição de uma bruxa produzida pela criança — 2º ano

PROPOSTA: Relato de uma história de infância vivida por um familiar e escrita pela criança. Antes da produção, a professora leu os livros: *Histórias de avô e avó*, de Arthur Nestrovski, *Onde já se viu*, de Tatiana Belinky e *Nas ruas do Brás*, de Drauzio Varella. Durante a leitura, a professora propôs uma análise sobre os recursos que os autores utilizaram para escrever trechos emocionantes, engraçados ou assustadores. A produção foi proposta para crianças de 3º ano.

PRODUTO FINAL: O texto fez parte de uma coletânea de histórias de infância, que compôs um livro doado à biblioteca da escola. Como no exemplo anterior, também aqui o texto digitado é a primeira versão composta pela criança e a revisão, feita posteriormente, aparece manuscrita.

É importante ressaltar que é muito comum as crianças fazerem ótimas análises enquanto discutem sobre as obras que leem ou que lemos para elas, mas isso não significa que consigam transpor essas conversas para seus próprios textos.

O dia anoite sangrento

Um dia anoite meu pai e os amigos gualtier, e mais 5 amigos ~~fizeram um~~ pique *1 de

escondi, aí ele estava fugindo e o amigo meu pai primeiro o amigo dele pulo e caiu: E do

- Cuidado disse o gualtier,

Aí Luiz também caiu,

- Luiz ~~tem~~ tenha cuidado.

*2
- olha Luiz sua perna esta sangrando.

*3
Até o osso está para fora ai eles ~~ligaram na casa~~ foranam do medico e socorreu ~~pai do~~ Luiz. amigo

le you mais de 30 pontos e o ~~pai~~ amigo também estava. La e acabou a consulta ai

o medico vil a perna do amigo ~~do~~ sangrando com o osso para fora da u

perna e ele foi para a consulta fim.

*1 estavam brincando
*2 aí luiz tombrem caiu
*3 luiz passou a mão no
osso e pegou a camisa
e amarou na perna

Relato de uma história de infância vivida por um familiar e escrita pela criança — 3º ano

Tanto na produção 2 quanto na 3, a criança escreveu sua primeira versão e, em outro momento, revisou o texto. Nesse processo, ela pôde consultar outros textos e os colegas para solucionar dúvidas, assim como se faz socialmente, fora da escola. Ela também verificou a organização do discurso e selecionou questões gramaticais, ortográficas e de pontuação que precisavam ser consideradas.

A diferença entre a produção 1 e as produções 2 e 3 é que a primeira foi escrita por uma criança e corrigida pela professora. As outras duas produções apresentam a escrita de uma primeira versão pela criança e revisada por ela mesma. Nessas duas situações (textos 2 e 3), a revisão é feita sempre pelo autor do texto. O professor, por sua vez, pode fazer diferentes propostas de revisão — e encaminhar situações de análise e reflexão sobre aspectos da língua atrelados ao texto que se elabora —, ajudando as crianças a encontrarem e solucionarem os problemas do texto.

Considera-se que, na escola, o professor deve levar em conta e propor intervenções de acordo com as possibilidades das crianças-autoras e não ter como propósito que o texto fique próximo aos modelos convencionais. Nem todos os problemas serão encontrados pelas crianças, muito menos solucionados.

Esse é sempre um grande desafio para os docentes: na ânsia de que os textos fiquem da melhor maneira possível, acabam interferindo de modo que percam sua autoria. Isso não quer dizer que os estudantes devam ficar sozinhos com os textos: há muitas intervenções a serem planejadas e encaminhadas para ajudá-los nessa tarefa e o professor é uma figura fundamental nesse processo.

O objetivo da revisão dos textos na escola não é que fiquem iguais aos textos de referência, que circulam socialmente, mas que as crianças possam aprender sobre a língua e sobre a linguagem escrita ao longo do processo. Não se aprende a revisar somente lendo e escrevendo textos sozinho, sem orientação: é um procedimento que deve ser ensinado e as crianças precisam de oportunidades para escrever e retomar seus textos posteriormente.

Revisitar algumas vezes um registro escrito é o que permite que a interlocução entre autor e destinatário se efetive. É nesse momento que o autor pode verificar se o propósito comunicativo inicial foi alcançado e se o texto está coerente e compreensível, além de repensar sobre como o discurso foi organizado e quais recursos linguísticos foram utilizados. Nesse processo, há muita reflexão e aprendizado sobre a língua.

A revisão é uma ação muito importante do processo de produção textual. Socialmente, acontece durante a própria textualização e depois dela, e assim deve acontecer na escola. Qual escritor experiente não lê o que começou a escrever para dar continuidade ao texto? E quem não lê o texto após terminado para verificar se há algo a ser modificado? Durante a textualização, enquanto lê o que escreveu e o que falta comunicar, o autor revisa e já faz ajustes, verificando se está escrito da melhor maneira ou se outros recursos linguísticos podem ser empregados para que o texto ganhe qualidade na comunicação com o destinatário.

No momento da textualização, as ideias estão bem frescas e há muitos esforços empregados no registro do que se quer escrever. Por isso, é muito provável que as crianças não consigam encontrar problemas em seus textos, ainda que o retomem por meio da leitura autônoma ou feita pelo professor. Somente depois de alguns dias é que elas podem assumir o papel de um leitor crítico, capaz de encontrar problemas no texto que lê e buscar boas soluções, de acordo com seus saberes sobre a língua. Isso porque, enquanto produz o texto, a criança não consegue se distanciar do que acabou de escrever e do que está escrevendo para assumir uma posição de leitora crítica. Textualizar e revisar requerem papéis diferentes por parte da criança e se distanciar do texto é uma condição importante para que ela se coloque diante da produção de outro modo.

Nós, adultos leitores e escritores experientes, somos capazes de fazer observações diferentes, e a partir de outro ponto de vista, a respeito de um texto que escrevemos quando o lemos depois de algum tempo. Com esse distanciamento, o escritor pode colocar-se no papel do leitor/destinatário e verificar se o que se quer dizer está dito da melhor maneira possível. São os saberes construídos por esse leitor que permitem reformular e reorganizar as ideias de modo a atender o que se pretendia inicialmente. Por outro lado, enquanto isso acontece, os saberes do escritor são acionados novamente para fazer ajustes pertinentes no texto. Leitura e escrita são indissociáveis, uma apoia a outra. Por isso, a revisão é tão importante, principalmente na escola, enquanto os estudantes aprendem a produzir textos.

O trabalho com projetos didáticos na escola favorece a aprendizagem das ações envolvidas na produção textual. Segundo Delia Lerner (2002), os projetos fazem parte de uma das modalidades organizativas que têm como finalidade a realização de um produto final, com um propósito social definido. Para o estudante, faz sentido vivenciar as diferentes ações envolvidas na produção, inclusive as revisões, para que o texto fique bem escrito e o produto final seja satisfatório.

Por outro lado, para o professor, há propósitos didáticos bem determinados que visam a assegurar que os estudantes avancem em relação aos conhecimentos que já possuem sobre a língua e sobre a escrita. Ao longo de um projeto, aprendem conteúdos gramaticais e ortográficos que favorecem essa produção e, apropriados deles, podem retomar o que foi escrito e fazer ajustes que qualificam o texto. Vale lembrar que revisar não é o mesmo que escrever todo o texto novamente; não é simplesmente "passar a limpo" a primeira versão.

Vejamos alguns exemplos:

PROPOSTAS

Inserir um episódio na reescrita de uma versão lida para a turma do conto *A inteligente filha do camponês*.
Nessa produção há duas revisões feitas a partir da primeira versão do texto produzido (2ª e 3ª) . As revisões foram feitas em diferentes datas.

2ª revisão

Texto após a primeira revisão:

3ª revisão

O maiúscula

Depois de alguns anos, o rei ficou muito doente por uma picada de cobra. *bem venenosa*

a *planta*

Aí a rainha soube de uma ~~pista~~ que se chamava laba-aba que tinha na casa

dela

de uma feiticeira. Para chegar na casa ~~da feiticeira~~ tinha que passar por um tuneo.

mulher *—o*

Quando ela chegou na casa da feiticeira a ~~feiticeira~~ perguntou o que é? Você pode

me dar a planta que se chama laba-aba? — *perguntou a rainha*

— Só se você resolver o eniguima. Quantos animais tem na terra? A rainha

pegou uma caneta vermelha e começou a fazer um monte de pontinhos vermelhos

e falou pra feiticeira.

— Se você conseguir contar esses pontinhos vermelhos o dobro que você

contar vai ser a quantidade de animais que tem na terra.

×2

Enquanto a feiticeira estava contando os pontinhos ~~que estava~~ distraída. A

×1

rainha foi para o depósito da feiticeira para pegar a planta, saiu de mansinho. Aí a

criatura

rainha subiu pelo túnel enquanto estava pensando como aquela ~~feiticeira~~ era

distraída. Quando ela chegou, fez o chá com a planta.

a *y* *a*

Aí a rainha curou o rei. Aí todos ficaram bem e ~~ficaram~~ felizes e assim teve

um final feliz.

× 2 ficou

× 1 Quando pegou a planta

Texto após a primeira revisão — 4º ano

Nesse exemplo, a criança-autora escreveu a primeira versão de acordo com a proposta da professora. Depois de alguns dias, retomou seu texto para fazer ajustes e acrescentou novos trechos e letras que faltavam nas palavras; pensou na organização dos parágrafos; suprimiu termos que se repetiam; e também cuidou de alguns aspectos ortográficos e de letra maiúscula. Importa salientar que, muitas vezes, as crianças tomam decisões e alteram seus textos de modo contrário às normas ortográficas e gramaticais. No caso da produção em questão, por exemplo, a criança insere um "O" maiúsculo no meio de uma frase, indicando que ainda não se apropriou do conceito de frase ou do uso da pontuação, apropriações que, de fato, levam tempo para ocorrer. É comum que as crianças, nesse momento da escolaridade, façam ajustes que deixam o texto mais confuso ou, na tentativa de corrigir palavras, façam substituições incorretas. Isso se dá tanto pela pouca experiência com a tarefa de revisão, que é bem exigente para elas, quanto porque ainda não dominam dos aspectos da nossa língua. Por isso, é papel do professor intervir de modo a favorecer reflexões mais apuradas das crianças sobre os textos em todas as suas camadas.

Passados mais alguns dias, depois de ter trabalhado uma sequência didática sobre pronomes, a professora devolveu o texto para que fizessem uma nova revisão e, assim, considerassem o que aprenderam e realizassem novos ajustes.

Essa é uma tarefa bastante importante das propostas de revisão: não basta devolver o texto aos estudantes e pedir que façam os ajustes, é preciso ofertar elementos para pensarem melhor sobre as questões linguísticas e sobre o gênero com o qual estão trabalhando. Nesse sentido, um bom planejamento, com idas e vindas ao texto, esclarece o que priorizar na discussão: repetições lexicais ou outros aspectos discursivos e notacionais. A proposta é fazer um levantamento do que é relevante discutir com o grupo inteiro, com pequenos grupos ou em duplas de trabalho, para, então, planejar modalidades de revisão. Voltar ao mesmo texto algumas vezes ganha sentido quando se pode aprimorá-lo.

É importante observar que todos os registros feitos durante as leituras continuaram no texto para que os estudantes pudessem acompanhar seus avanços em relação a essa produção. Isso quer dizer que eles não passaram o texto a limpo todas as vezes que voltaram à produção. Trata-se de considerar a versão inicial um rascunho no qual serão inseridos os ajustes, indicados por marcas de revisão. No caso de textos elaborados diretamente no computador, as crianças podem realizar os ajustes compondo diferentes versões que ficam salvas e podem ser retomadas facilmente.

A última versão requererá somente ajustes considerando as demandas de edição.

Outro aspecto a ser considerado no planejamento do professor é que, para que o processo explicitado até aqui se efetive, é importante que as crianças encontrem problemas em seus textos e busquem soluções para eles, ainda que com ajuda do professor e/ou dos colegas. Para isso, as propostas precisam ter desafios ajustados de modo que não sejam nem muito fáceis e nem inalcançáveis para os estudantes. É importante trabalhar também com a diversidade de gêneros, propondo diferentes destinatários e portadores para que se ampliem as aprendizagens sobre a língua.

Não é tarefa fácil propor aos estudantes que revisem seus textos. Quanto menores as crianças, mais apoio precisam para essa tarefa. Definir focos de revisão contribui bastante para identificarem os problemas a serem solucionados.

O que propor para revisar?

A revisão, principalmente nos Anos Iniciais do Ensino Fundamental, é um processo em etapas. De início, importa focar o olhar sobre os aspectos discursivos, por exemplo, no caso dos contos:

verificar as intenções do autor em comunicar o que se deseja, se o texto está coerente / compreensível, se segue uma ordem cronológica, se há descrições de ambientes e personagens e se mantém o leitor informado sobre os acontecimentos, se foram usados marcadores temporais e espaciais, etc. Depois, os aspectos notacionais podem entrar em cena, por exemplo: se as palavras estão separadas corretamente, se outras questões ortográficas receberam atenção. E, com o texto mais perto de sua versão final, considerar a pontuação mais adequada, organizar a paragrafação e outras decisões de caráter mais formal.

Obviamente, as crianças não podem revisar todos os aspectos de uma vez. Focos de revisão podem ser propostos pelo professor, paulatinamente, com encaminhamentos e intervenções definidas *a priori*. Talvez, para algumas crianças, as revisões podem não ser suficientes para resolver todos os problemas do texto previamente selecionados, e isso não deve ser tido como um problema. Não podemos perder de vista as possibilidades de cada criança no momento da produção do texto. O que importa é que, para todos os estudantes envolvidos, o processo precisa significar múltiplas situações de aprendizagem, ainda que sejam diversas.

De forma geral, alguns aspectos podem ser contemplados no processo de revisão, entre eles (ARGENTINA, 2000):

SOBRE A APROPRIAÇÃO DA ESCRITA ALFABÉTICA

• debater com os colegas sobre a quantidade necessária de letras e sobre suas possibilidades de combinação para produzir escritas legíveis.

SOBRE ESTRATÉGIAS DISCURSIVAS E RECURSOS LINGUÍSTICOS

• evitar ambiguidades e repetições desnecessárias;
• controlar se todas as informações incorporadas no texto guardam relação com o tema;
• cuidar para que as distintas partes do texto se vinculem entre si de maneira coerente;
• assegurar-se de que o texto que está sendo produzido se pareça com o que circula socialmente;
• facilitar a compreensão e interpretação do texto pelo leitor com uso de sinais de pontuação adequados ao propósito comunicativo.

Quando o foco da revisão são os aspectos discursivos e os recursos linguísticos, uma estratégia didática que pode ser utilizada, especialmente no trabalho junto às crianças de 1º a 3º ano, é normatizar o texto. Sabemos que, neste momento da escolaridade, muitas crianças ainda não escrevem de forma alfabética e as que já o fazem cometem faltas ortográficas. Para favorecer, então, que se foquem em outras demandas do texto na revisão, especialmente no contexto coletivo, normatizá-lo pode ser uma estratégia importante.

Neste caso, o professor corrige a produção das crianças do ponto de vista ortográfico. Não se trata, aqui, de wfazer uma correção com marcas que serão devolvidas para os estudantes, mas significa apresentar a versão convencional, deixando as questões discursivas e os recursos linguísticos como objeto de reflexão e análise.

Vale ressaltar que o que determina essa opção didática é a intenção do professor no planejamento e encaminhamento da proposta de revisão. Por exemplo, é possível realizar a normatização em revisões coletivas de textos dos estudantes ou ainda apenas para alguns estudantes da turma.

SOBRE ESTRATÉGIAS DE ORTOGRAFIA

• revisar a ortografia do texto antes de ser apresentado ou publicado;

• recorrer a distintos materiais de leitura, usando de maneira cada vez mais pertinente a informação disponível para resolver as dúvidas ortográficas;

- decidir como usar escritas confiáveis para resolver dúvidas ortográficas a respeito de palavras novas;
- solicitar, oferecer e intercambiar conhecimentos sobre a ortografia.

As propostas de revisão também podem retomar discussões que as crianças iniciaram na interação com modelos apresentados e analisados antes mesmo da escrita da primeira versão do texto. Para tanto, é essencial que essas análises sejam registradas. Esses registros, chamados de textos intermediários, podem ser produzidos coletiva ou individualmente de modo a apoiar a textualização e a revisão, como por exemplo, no caso da escrita de um conto clássico, uma lista de marcadores temporais mais usuais nesses textos, palavras usadas pelos autores para se referir aos personagens, pequenas descrições sobre eles, dicas para usar a pontuação, etc. Os textos intermediários podem ser consultados pelos autores enquanto produzem, como no caso que apresentamos a seguir: uma lista de episódios foi escrita coletivamente para apoiar a produção da reescrita do conto *João Preguiça*, que comporá uma coletânea de contos a serem apresentados em sessões de leitura em voz alta para outras turmas da escola.

Planejamento do conto: *João Preguiça*

- João vivia com sua mãe numa tapera.
- João não trabalhava, era só a mãe.
- Ultimato da mãe.
- João arranja um trabalho — sitiante.
- Ganha uma moeda.
- Braveza e conselho da mãe — bolso.
- João arranja outro emprego — fazendeiro/leite.
- Braveza e conselho da mãe — na cabeça.
- João arranja outro emprego — queijeiro/queijo.
- Braveza e conselho da mãe — nas mãos.
- João arranja outro emprego — padeiro/gato.
- Braveza e conselho da mãe — amarrar com uma cordinha.
- João arranja outro trabalho — açougueiro/pernil.
- Braveza e conselho da mãe — nas costas.
- João vai trabalhar com um sitiante — burro.
- Passou na rua de um homem riquíssimo, filha que nunca sorrira.
- Riu da cena que viu.
- Casamento.
- A mãe foi morar junto com eles.

Modalidades de revisão

Há diversas modalidades de revisão que podem ser propostas de acordo com o que se quer discutir, a partir do tipo de texto trabalhado e da demanda apresentada pelo grupo durante a produção:

Revisão coletiva

Normalmente, é proposta a partir da análise da produção dos estudantes de modo a que um aspecto (discursivo ou notacional) será foco de leitura e discussão por grande parte da turma.

Se muitos estudantes apresentam a mesma questão em seus textos — como uma passagem na qual não ficou claro se dois acontecimentos se dão de forma simultânea, com personagens distintos; ou a falta da descrição do personagem interferindo na compreensão de suas atitudes na história; ou, ainda, a marcação da pontuação do discurso direto —, o professor pode selecionar um trecho do conto de uma criança (cuidando para que ela não fique exposta), apresentar coletivamente e propor que pensem em possíveis ajustes para aprimorar o texto. O trecho selecionado deve ter uma ou duas questões para serem discutidas e analisadas desse modo.

Após a discussão, o professor pode devolver o texto produzido anteriormente pelos estudantes para que retomem o que escreveram e verifiquem se o mesmo problema também ocorre em seus textos e façam os ajustes a partir do que foi discutido de forma coletiva.

À medida que ficam mais experientes, outras questões podem aparecer, inclusive uma lista elaborada coletivamente de aspectos aos quais precisam se atentar durante a revisão. Individualmente ou em duplas, os estudantes podem controlar o que já foi cuidado e o que ainda precisa de ajustes.

É importante ressaltar que é possível as crianças não reapresentarem em seus textos as soluções discutidas, nem mesmo aquelas crianças que contribuíram com boas ideias coletivamente. Essa transposição pode não ocorrer de imediato, já que exige uma mudança de papéis: na situação coletiva, as crianças atuam como leitoras críticas, e, na própria produção, como escritoras. As crianças aprendem por aproximações sucessivas e, por isso, as oportunidades de participar de uma revisão coletiva e da retomada do próprio texto precisam ser ofertadas de forma recorrente na escolaridade e em distintos contextos de produção.

Leitura de sua própria produção — revisão individual ou pela dupla de trabalho

Essa modalidade pode ser proposta logo após o término da primeira versão para crianças, especialmente a partir do 3º ou 4º ano, para que leiam e verifiquem se há algum ajuste imediato que possam fazer — se as ideias estão completas, se faltam passagens, informações ou correção de questões ortográficas já discutidas. Isso não quer dizer que esses aspectos também não possam ser foco de revisões posteriores.

A depender da faixa etária, esse encaminhamento pode não ser produtivo, já que as crianças que começam seu percurso no Ensino Fundamental têm um esforço ainda maior para escrever textos. Além de pensar no que escrever, elas precisam se dedicar a como escrever, considerando o processo de alfabetização inicial. Nesse caso, é preciso deixar o texto "descansar" alguns dias antes de propor a retomada.

Depois dessa pausa, para qualquer idade, a revisão individual de aspectos do texto levantados pelo professor é sempre muito importante, mesmo considerando crianças que já dão conta de uma leitura com propósito revisor tão logo concluam a primeira versão.

Há aspectos que o professor pode abordar, caso a caso, com perguntas específicas que ajudam a criança a identificar problemas em seu texto. Esses aspectos se tornam critérios a serem considerados pelas crianças na análise do próprio texto, funcionando como uma avaliação da versão inicial, como mostra a tabela a seguir:

AVALIAÇÃO — REESCRITA DO CONTO
TRÊS PRÍNCIPES E TRÊS PRESENTES — 1ª versão — 3º ano

Aspectos do texto	Estudante		
	Sim, fiz isso bem	Fiz, mas poderia ter feito melhor	Não fiz
O texto contém todos os episódios?	x		
As passagens estão detalhadas?	x		
A função dos objetos foi explicitada na venda?	x		
Escreveu o desfecho de todos os personagens da história?	x		
Cuidou da repetição de palavras?	x		
Usou discurso direto na passagem da venda dos objetos?	x		
Usou a pontuação do discurso direto, vírgulas e pontos finais para encerrar frases?	x		
Usou paragrafação de forma adequada?	x		

Professora		
Sim, fez isso bem	Fez, mas poderia ter feito melhor	Não fez
	X	
	X	
X		
X		
X		
X		
X		
X		

1ª versão —
Aspectos a serem
considerados no texto:

• Os três marcaram
encontro com a
moça? Ou foi ela que
marcou? Ou foi uma
coincidência?
• Faltou contar que os
homens marcaram
um dia para se
encontrarem e mostrar
os presentes.
• Qual é a virtude
especial do sapato?
• Qualquer sapato
leva a pessoa ao lugar
que ela quiser?

Revisão a partir de uma lista de elementos levantados coletivamente

Coletivamente, a professora propõe que os estudantes digam o que acham importante considerar no texto para que fique bem escrito e explica que essa lista servirá para ajudar a pensar no que é necessário revisar. Após algumas idas e vindas ao texto, a professora convida as crianças a realizarem a revisão a partir dos critérios levantados por todo o grupo e a registrarem o que já foi resolvido.

Embora essa modalidade demande mais autonomia, o papel da professora é fundamental. Ela deve acompanhar as crianças e intervir para auxiliá-las nessa tarefa. Nem sempre elas conseguem identificar, de fato, quais são os problemas do texto. Fazer uma leitura para que elas ouçam o que foi escrito, por exemplo, pode contribuir com esse processo.

A seguir, mais um exemplo de revisão feita pelas crianças a partir da lista coletiva de critérios. A proposta em questão é a que foi descrita acima, envolvendo a elaboração de um novo conjunto de episódios no conto *A inteligente filha do camponês*, por crianças do 4º ano.

Autoavaliação – duplas /conto

Já discutimos bastante sobre a produção de outro enigma para o conto "A inteligente filha do camponês". Conversamos sobre os aspectos do texto que precisam ser cuidados para que o conto fique bem escrito. Agora, você e sua dupla devem refletir sobre esse trabalho considerando os pontos importantes que foram levantados coletivamente.

Leia com atenção o conto que você e sua dupla produziram e faça a sua avaliação. Em seguida, haverá a avaliação da professora.

Aspectos a serem contemplados	Aparece	Não	Aparece, mas precisa melhorar	Aparece	Não	Aparece, mas precisa melhorar
O novo episódio precisa apresentar:		Aluno			Professora	
Elementos que combinem com os contos de fadas (rei, rainha, princesa, príncipe, bruxa, castelo, floresta)	✗			✗		
Um começo que considere o final do conto original			✗			✗
As características originais do rei e da rainha			✗			✗
Apresentar um conflito, um enigma e uma resolução para o enigma	✗					✗
Ideias claras e bem organizadas			✗		✗	
A pontuação necessária (ponto final, travessão, dois pontos)	✗			✗		
Parágrafos	✗			✗		
Palavras com letra maiúscula e escritas segundo as regras ortográficas	✗				✗	
Nota	B			C		

Autoavaliação em duplas ou trios — 4º ano

AUTOAVALIAÇÃO – PRODUÇÃO DO TEXTO

Depois que o conto foi escrito, conversamos sobre o que seria necessário revisar para que o texto ficasse ainda melhor. A turma deu muitas ideias que foram listadas abaixo.

Junto com sua dupla, pinte de laranja os itens que vocês acham que precisam melhorar durante a revisão e de verde aqueles que vocês consideram que já estão resolvidos:

- se tem todos os episódios e todos estão na ordem dos acontecimentos

- informações soltas e faltas de palavras

- modificação no texto, de acordo com a proposta

- passagem do tempo

- repetição de palavras

- se as palavras estão corretas (ortografia)

- separar as palavras adequadamente

- pontuação ao final das frases e parágrafos e falas de personagens

- colocar parágrafos

De todos esses itens, qual você acha mais fácil de resolver?

Passagem do tempo

De todos esses itens, qual você acha mais difícil de resolver?

Se tem todos os episodios

Autoavaliação em duplas ou trios — 2º ano (final do ano)

De leitor para escritor

Nesta proposta de revisão, a professora propõe agrupamentos de modo que as crianças se beneficiem da interlocução, em duplas ou individualmente. Essa interlocução pode ser oral ou por escrito, isto é, os leitores críticos inserem apontamentos nos textos dos colegas.

Ao ler o texto de outros autores, os colegas dão dicas e fazem considerações ou perguntas para contribuir com a revisão do autor. Vale destacar que a decisão de alterar ou não o texto é sempre do autor, especialmente no caso de aspectos discursivos.

Essa é uma proposta muito interessante porque ambas as partes — leitores críticos e autores — têm a oportunidade de refletir sobre o texto, suas características e os recursos da língua. Além disso, também se coloca a possibilidade de que os leitores críticos, na retomada de seus próprios textos, identifiquem aspectos ainda não observados a aperfeiçoar.

A seguir, dois exemplos de trocas de textos entre duplas de crianças para comentários críticos. O primeiro destaca a produção de crianças de 2º ano (Projeto: Livro dos animais marinhos) e o segundo, de crianças de 4º ano.

143

Exemplo 1

Primera
A orca vivi emmares de tudu o mundo o macho e
a fêmea
Podem xegar até 10000 quilos e um e maior do que o outro
A orca não e asasina a orca so si defendi quando e
atacada
A orca si alimenta de peixes, focas e ate de outras baleias
Filiotis a orca caça em grupos

Uma dupla de crianças recebeu o texto produzido por outra
dupla para dar sugestões de aprimoramento de escrita.
Posteriormente, as dicas analisadas pelos autores nas
situações de revisão

Dicas dos colegas

O QUE MUDAR:
Tem que separar em/ mares
Não dá para intender qual e maior se é a femea ou o macho
Escrever assassina assim, com dois esses
Escrever filhotes
Colocar um risquinho em cima do e para ficar é a genti
Mostra no computador onde ele fica

O QUE ACRESCENTAR:
Mais informações porque tem pocas
Fazer os desenhos
Colocar um título
Colocar ponto quando acabar

O QUE TIRAR:
Orca porque repitiu 5 veses e nunca pode repitir tanto a
mesma palavra num texto

Exemplo 2

PARA JOANA   DE : FERNANDO

Joana seu texto está bom mas o tempo todo para a mulher você usa "A MOÇA"; já para o Pedro você varia os nomes. Você pode trocar "A moça" por "senhora" ou "ela".

no "HAHAHA" tem dois H juntos (HAHHAHA) Na fala "O que você está fazendo" já tem um ponto de interrogação, então não pode ser "disse a moça" tem que ser "perguntou a moça" porque do jeito que você escreveu parece que a moça está dizendo uma fala com ponto de interrogação.

Texto produzido por uma dupla de crianças para dar sugestões de aprimoramento de escrita

Apontamentos pelo professor

A partir da análise dos textos dos estudantes, o professor pode propor devolutivas oralmente ou por escrito, como alguns exemplos já destacados aqui.

As intervenções do professor dependem da situação, da faixa etária e dos objetivos didáticos envolvidos no processo de produção. Como escritor experiente, o professor guia o estudante mostrando estratégias e oferecendo informações a favor, principalmente, da aprendizagem sobre a língua e não necessariamente, do produto final. Ele pode propor aos estudantes que consultem textos de referência para verificarem como outros autores resolveram a questão; pode problematizar e fazer perguntas para evidenciar algum problema discursivo, como a falta de um episódio importante na história, por exemplo. Enfim, ele devolve aos estudantes a responsabilidade de produzir, tendo em vista que nem todos os problemas serão resolvidos.

O objetivo é o próprio estudante, no desejo de aprimorar seu texto, aprender mais sobre a língua, sobre a linguagem escrita e sobre o próprio processo de produção de textos.

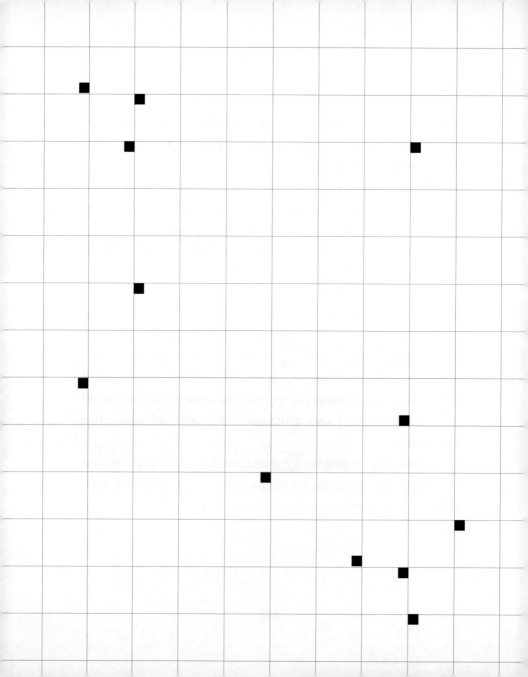

4 Erros ortográficos: um grande desafio para os professores

O ensino da ortografia na escola traz muitas questões para os docentes: Por que os estudantes cometem tantos erros ortográficos? Devemos corrigir todos eles? O tempo todo? Qual é o peso da ortografia na produção de textos dos estudantes? Como ensiná-la? Esse ensino precisa sempre partir de um texto escrito pelos estudantes? Essas são algumas questões, frequentes entre professores, de que trataremos neste capítulo.

Antes de pensar sobre o ensino da ortografia propriamente dito, é importante refletir sobre o lugar que ela ocupa nas produções escritas. É muito comum que os textos produzidos por estudantes sejam avaliados somente pelos erros cometidos ao escrever as palavras, não importando se o discurso empregado atingiu ou não o propósito comunicativo estabelecido. É verdade que a ortografia tem sua importância na produção de textos, e os docentes devem reconhecê-la como mais um dos desafios da escrita, mas não deve ser considerada a única questão a ser trabalhada nas aulas, como normalmente acontece.

Por ser mais fácil mensurar erros ortográficos, eles costumam ser privilegiados em detrimento de questões até mais complexas no processo de ensino e aprendizagem da escrita. Mas é preciso considerar que muitos estudantes são capazes de produzir bons textos do ponto de vista discursivo e, mesmo assim, cometem erros ortográficos, assim como há também muitos estudantes que quase não erram ortograficamente, mas possuem pouca habilidade discursiva. Como é mais difícil orientar e intervir nos aspectos discursivos, a ortografia ganha um peso muito alto nas produções dos alunos e igualmente nos apontamentos feitos pelos professores. As crianças costumam ser avaliadas apenas pela quantidade de erros, não pela qualidade discursiva dos textos que produzem. A ortografia deve ter sim seu peso na condução das produções, porque escrever corretamente é muito importante, mas não deve ser o critério preponderante, nem o único, na avaliação dos textos.

É comum, no entanto, que a ortografia seja mais um objeto de avaliação do que de ensino, o que traz sérias implicações na maneira como se compreende seu ensino na escola. Muitas vezes, os docentes levam os estudantes a assumirem uma atitude mecânica, orientando-os a copiarem repetidas vezes a mesma palavra com a intenção de que a memorizem, como se aprendessem apenas repetindo. Também é muito comum que os estudantes recebam seus textos corrigidos pelo professor para que observem a quantidade de erros cometidos com a orientação de prestarem mais atenção da próxima vez que escreverem.

Devemos considerar, porém, que é fundamental criar estratégias de reflexão sobre a escrita correta das palavras, só assim ajudaremos o estudante a avançar no aprendizado da ortografia.

O ensino da ortografia

No final do processo de apropriação do sistema de escrita, as crianças já produzem de forma alfabética e já sabem de quais letras precisam para escrever os recortes sonoros que desejam. Nesse momento, elas não têm dúvida ao escrever MALA, por exemplo, pois não há disputa de letras para representar esses sons. Mas, como as possibilidades para escrever CASA, PEZINHO ou LIÇÃO podem ser muitas — com S, Z, Ç, S —, novas questões sobre a escrita começam a passar pela cabeça dessas crianças aprendizes, não mais relacionadas à escrita alfabética, mas sim à ortografia, à escrita correta das palavras. As dúvidas agora são de outra natureza. Z e S podem representar um mesmo som em determinadas palavras; o mesmo acontece com Ç e SS. Por isso, é bastante comum que as crianças cometam erros ao escrever palavras em que o som não determina exatamente qual letra será empregada.

Há algumas regras ortográficas que nos ajudam a escrever as palavras corretamente. Por exemplo, PEZINHO é diminutivo de pé, e há uma regra ortográfica que diz que as palavras que indicam grau, diminutivo ou aumentativo, são escritas com Z. Por isso, PEZINHO é escrito com Z; o mesmo acontece com **PEZÃO**, CAFE**ZINHO** e AVO**ZINHO**. Essa regra não se aplica a CASINHA, que se escreve com S, mesmo sendo diminutivo de CASA. CASINHA se escreve com S porque deriva de CASA, que se escreve com S, assim como MESINHA se escreve com S também porque deriva de MESA. O mesmo acontece com ROSINHA E VASINHO. Nesses casos, a origem da palavra se sobrepõe à regra. Já LIÇÃO se escreve com Ç simplesmente por convenção.

Como podemos observar, a escrita correta das palavras não é algo simples. Por essa razão, as crianças costumam ter inúmeras dúvidas, o que resulta em erros ortográficos. Para o ensino da ortografia, é preciso considerarmos que faltas ortográficas podem acontecer por vários motivos: desconhecimento da norma ortográfica, pouca familiaridade com a palavra (seja como leitor ou escritor), distração ou, ainda, pouco comprometimento com sua própria escrita. Por isso, não se pode classificar todos os erros da mesma forma.

Há ainda as transgressões, muito comuns nas redes sociais. Ela ocorrem quando se sabe a escrita correta da palavra, mas se opta por outra forma, principalmente quando se reproduzem termos da oralidade, por exemplo: "É **nois**!" e "**Tamo** junto!".

Aliás, será que se nós, leitores e escritores mais experientes, participássemos de um ditado, escreveríamos corretamente todas estas palavras: **chuçada, xucrice, cerzir, pezunho, cilha, cifose, punxirão, pulverulência, kimberlito**? Provavelmente teríamos dúvidas, não é verdade? Mesmo que tenhamos vivenciado um longo percurso escolar e aprendido regras ortográficas, podemos hesitar, sobretudo frente a palavras com as quais temos menos familiaridade. Justamente por isso, é preciso que o ensino parta de um conjunto de pressupostos e de diferentes estratégias.

Para começarmos a pensar sobre essas estratégias, precisamos compreender que as ocorrências ortográficas são de naturezas diferentes. Arthur Gomes Morais (2007), definiu dois tipos de ocorrências:

Regularidades: Quando há uma regra, existe um princípio para o uso das letras e as crianças podem compreender a regularidade, tomando decisões a favor da escrita correta das palavras.

Irregularidades: Quando o uso das letras é justificado apenas pela etimologia das palavras ou pela convenção, ou seja, não há uma regra que se aplique.

É preciso entendermos a origem das faltas que as crianças cometem ao escrever. As exigências em relação à escrita correta das palavras devem ser distintas e dependem do tipo de ocorrência em jogo. Então, cada uma delas deve ser analisada e considerada como produto para intervenções distintas. Cometer erros de regularidades já trabalhadas é diferente de cometer faltas de regularidades desconhecidas, assim como também é diferente cometer erros de palavras que pertencem ao grupo das irregularidades, ou seja, palavras para as quais não há uma regra que ajude a escrevê-las corretamente. Esse é um olhar muito importante que professores devem ter para organizar o ensino da ortografia e a avaliação das produções das crianças.

Nesse sentido, a noção de erro também precisa ser repensada. Tradicionalmente, as correções são atitudes compulsivas, que podem ser feitas somente pelos adultos; não há uma análise sobre os erros cometidos, sobre suas origens. O erro é visto como algo que pode ser evitado e deve ser sempre corrigido sob a justificativa de não ser fixado pelas crianças. A ideia de erro, nesse sentido, precisa ser revista porque, muitas vezes, ele é uma etapa importante do processo de aprendizagem das crianças. Estamos falando dos erros construtivos, como os que guiam a escrita das palavras ao longo das diferentes hipóteses que as crianças elaboram no percurso de compreensão do nosso sistema de escrita.

O erro é também um meio para nortear o trabalho do professor. Obviamente, o objetivo é que os estudantes acertem, mas os erros devem ser um meio para compreender quais são as dúvidas dos estudantes, o que já foi trabalhado e o que ainda não foi, o que sabem, no que têm dúvidas e o que não sabem ainda ou se há hipóteses construídas pelas crianças e que norteiam suas decisões (por exemplo, acreditar que todas as nasalizações são marcadas com M) devem ser planejadas para que os estudantes avancem.

O erro deve servir de base para que os estudantes tomem consciência de suas dúvidas e ser um meio para que professores avaliem o que precisa ser retomado com o grupo todo, com pequenos grupos, ou ainda se é necessário trabalhar com alguma questão antes, para que a turma consiga avançar. É preciso que os erros sejam criteriosamente analisados. Há um exemplo muito interessante sobre um erro cometido por algumas crianças sobre o uso de M antes de P e B, uma regra aparentemente fácil e, por isso, trabalhada logo depois que as crianças começam a escrever alfabeticamente.

Uma professora observou que um estudante, reescrevendo a história *Os três porquinhos* sempre grafava MPORQUINHO. Chamou a criança para perguntar porque escrevia daquela maneira e ele respondeu: "É que antes de P e B sempre vem M". Esse exemplo demonstra que a criança está aplicando uma regra que memorizou, mas sem tê-la compreendido. Ainda envolvendo a mesma regra, outra criança havia entendido ser necessário que o P e o B estivessem juntos na palavra e, apenas nesse caso, se usaria o M, afinal, "antes de P e B vem o M".

Vejamos um terceiro exemplo sobre a mesma regra ortográfica. Observe a escrita de uma criança no início do 2º ano: ESTÁ COMIDA ESTÁ SENSAL.

Ao analisar essa frase, podemos dizer que o estudante errou ao escrever SEN com N, a palavra correta seria SEM. Porém, se ele aprendeu que antes de P e B se escreve com M e antes das demais consoantes se escreve com N, SENSAL estaria correta. A questão, nesse caso, é que o estudante ainda não tem o conceito de palavra definido, ainda não separa as palavras convencionalmente, aglutinando SEM SAL, e por isso aplica o que aprendeu em ortografia: antes de S usou N.

Há outras situações que vêm ao encontro dessa questão, entre elas os casos em que as regras dependem de compreensões sobre as classes gramaticais. Se as crianças não se apropriaram delas, as regras tendem a fazer pouco ou nenhum sentido. Vejamos alguns exemplos:

BELEZA é com Z, porque é um substantivo derivado de um adjetivo: BELO.

COMESSEM é com SS porque é a forma conjugada do verbo comer no pretérito imperfeito do subjuntivo.

PARTIU termina com U porque é o verbo na 3ª pessoa do singular, do pretérito perfeito do indicativo.

Nesses casos, os estudantes precisam saber o que é substantivo, adjetivo e verbo, antes do trabalho com ortografia. Aliás, como saber o que é proparoxítona se os estudantes não compreenderam ainda o que são palavras ou o que são sílabas? Diferentemente do que se pensa, o conceito de sílaba é bastante complexo. Emilia Ferreiro (1996) apresenta uma pesquisa que permite identificar que só por volta dos 8 anos é que as crianças são capazes de compreender o conceito de palavra. Antes disso, as hipossegmentam ou hipersegmentam, na grande maioria das vezes sem um critério definido. Se o conceito de palavra é complexo para as crianças, o de sílaba é ainda mais.

Como esses exemplos explicitam, em muitas situações, as crianças precisam ter compreendido outros aspectos da língua antes de perceber regularidades ortográficas, pois só desse modo poderão entender os contextos em que a regra precisa ser utilizada. Essa é uma reflexão que professores devem fazer ao trabalharem com a ortografia: O que os estudantes precisam saber antes de tratar desse conteúdo? Eles já se apropriaram adequadamente dele? Está de acordo com as possibilidades cognitivas da faixa etária? O que devo propor antes de trabalhar uma dada regularidade? Essas são perguntas fundamentais para nortear o trabalho com a ortografia na escola.

Além dessas questões, não podemos perder de vista que as crianças devem ter um papel ativo na observação e na correção de seus próprios erros. O erro oportuniza às crianças a possibilidade de reflexão, de análise e de comparações, portanto, tem um papel central nos processos de aprendizagem. O erro deve ser considerado como objeto de trabalho e não como algo a ser elimidado. Por isso, como pontuado anteriormente, é preciso lembrar que os erros não são iguais, mas possuem naturezas distintas.

Como sabemos, a memorização não é a única estratégia para escrever as palavras corretamente. Considerando as ocorrências propostas pelo professor Arthur Gomes Morais (2007), há aquelas que devem ser compreendidas, que são as regularidades (regras ortográficas), e aquelas que precisam ser memorizadas, as irregularidades. Pensando nas regularidades, o autor as classifica em três tipos:

1. **Regularidades diretas**: quando não existe disputa entre as letras utilizadas para grafar os fonemas, também chamados de pares mínimos. São eles: P/B, T/D, F/V e C/G. As crianças costumam cometer essas trocas porque têm alguma dificuldade em diferenciar os sons envolvidos, já que são muito parecidos. Isso tende a ocorrer, especialmente, quando a conquista da escrita alfabética é mais recente.

De modo geral, com algumas atividades que enfatizam a diferença entre os sons, as crianças começam a percebê-la e passam a grafar corretamente as palavras. Vejamos, a seguir, um exemplo:

ASSINALE QUAL LETRA DEVE FAZER PARTE DA PALAVRA PARA QUE FIQUE CORRETA:

___EADO	F ( )	V ( )
___EZERRO	P ( )	B ( )
___OCA	F ( )	V ( )
COIO___E	D ( )	T ( )

2. Regularidades contextuais: neste caso, é o contexto, dentro da palavra, que vai definir qual letra (ou dígrafo) deverá ser usada. Segundo Artur Gomes de Morais (2007, p. 31), os principais casos de correspondências regulares contextuais em nossa ortografia são:

• O uso de R ou RR em palavras como RATO, PORTA, HONRA, PRATO, BARATO e GUERRA;
• o uso de G ou GU em palavras como GAROTO e GUERRA;
• o uso de C ou QU, notando o som /k/ em palavras como CAPETA e QUILO;

- o uso do J formando sílabas com A, O e U em palavras como JABUTI, JOGADA ou CAJUÍNA.
- o uso do Z em palavras que começam com som de Z, como ZABUMBA e ZINCO;
- o uso do S no início das palavras, formando sílabas com A, O e U, como em SAPINHO, SORTE e SUCESSO;
- o uso do O ou U no final de palavras que terminam com o som de U, como BAMBO e BAMBU;
- o uso de E ou I no final de palavras que terminam com som de I, como PERDE e PERDI;
- o uso de M, N e NH ou ~ para grafar todas as formas de nasalização de nossa língua, em palavras como CAMPO, CANTO, MINHA, PÃO, MAÇÃ.

3. Regularidades morfológico-gramaticais: neste caso, são aspectos ligados à categoria gramatical da palavra que estabelecem a regra, por exemplo, adjetivos que indicam o lugar onde a pessoa nasceu se escrevem com ESA, enquanto substantivos derivados de adjetivos se escrevem com EZA. Casos de regularidades morfológico-gramaticais presentes em substantivos e adjetivos, segundo Morais (2007, p. 33):

Observados na formação de palavras por derivação:

• PORTUGUESA, FRANCESA e demais adjetivos que indicam lugar de origem se escrevem com ESA no final;

• BELEZA, POBREZA e demais substantivos derivados de adjetivos e que terminam com segmento sonoro /EZA/ se escrevem com EZA;

• PORTUGUÊS, FRANCÊS e demais adjetivos que indicam o lugar de origem se escrevem com ÊS no final;

• MILHARAL, CAFEZAL, CANAVIAL e outros coletivos semelhantes terminam com L;

• FAMOSO, CARINHOSO, GOSTOSO e outros adjetivos semelhantes se escrevem sempre com S;

• DOIDICE, CHATICE, MENINICE e outros substantivos terminados com o sufixo ICE se escrevem sempre com C;

• Substantivos derivados que terminam com os sufixos ÊNCIA, ANÇA e ÂNCIA também se escrevem sempre com C ou Ç no final: CIÊNCIA, IMPORTÂNCIA, ESPERANÇA.

Presentes nas flexões verbais:

• CANTOU, BEBEU, PARTIU e todas as outras formas da terceira pessoa do singular do passado (perfeito do indicativo) se escrevem com U no final;

- CANTARÃO, BEBERÃO, PARTIRÃO e todas as formas da terceira pessoa do plural no futuro se escrevem com ÃO, enquanto todas as outras formas da terceira pessoa no plural de todos os tempos verbais se escrevem com M no final (por exemplo, CANTAM, CANTAVAM, BEBAM, BEBERAM);
- CANTASSE, BEBESSE, DORMISSE e todas as flexões do imperfeito do subjuntivo terminam com SS;

Todos os infinitivos terminam com R (CANTAR, BEBER, PARTIR), embora esse R não seja pronunciado em muitas regiões de nosso país.

Quando as crianças têm a oportunidade de observar que essas ocorrências são regularidades, ou seja, acontecem sempre da mesma forma dentro de determinado contexto, compreendem a regra e podem escrever corretamente as palavras. Há um princípio gerador que ajuda na tomada de decisões para a escrita correta dessas palavras, e compreender essas regularidades dá segurança ao aprendiz.

O trabalho com sequências didáticas, um conjunto de atividades em que há progressão de desafios, de modo que os estudantes possam tirar conclusões provisórias rumo à sistematização do conteúdo, permite um caminho que auxilia na sua compreensão. Essa é uma excelente estratégia para que as crianças possam observar as regularidades, porque há uma constância, e, assim, chegam a uma conclusão, que coincide com as regras ortográficas estabelecidas.

Exemplo de sequência didática: Uso de M e N

Atividade 1 — Ditado de palavras

Escreva nas linhas a seguir as palavras ditadas:

(sabonete, estante, anjo, mercado, dente, lampião, campo, príncipe, emprego, angu)

_____

_____

_____

_____

_____

Grife as palavras que você teve dúvida ao escrever.

Junto com uma dupla de trabalho, compare a escrita das palavras. Vocês escreveram todas as palavras da mesma maneira? Qual(is) palavra(s) vocês escreveram de forma diferente?

_____

_____

_____

_____

_____

Atividade 2

Complete as palavras com as letras que estão faltando:

cria____ça	de____tadura	ta____bor
i____perfeição	ba____co	lí____gua

Você teve dúvida para escrever alguma ou algumas dessas palavras? Por quê?

_____

_____

_____

_____

_____

_____

Atividade 3

Observe a escrita das palavras no quadro abaixo:

Palavras escritas com N	Palavras escritas com M
pontuação	ombro
acidente	pombal
princesa	empresa
anta	ampulheta
onça	samba
quantidade	embarque
brincos	campeão
brincadeira	
corrente	
jantar	
constelação	

O que você e seu colega conseguem observar no uso de M e N nessas palavras? Anote aqui as conclusões a que chegaram:

_____

_____

_____

_____

Atividade 4

Junto com um grupo de colegas, pense em outras 8 palavras que vocês teriam dúvida ao escrever sobre o uso de M e N. Depois confirmem a escrita correta no dicionário.

_____

_____

_____

_____

O que observaram na escrita dessas palavras?

_____

_____

_____

_____

Ao compartilhar a escrita de palavras com a turma toda, verifique se o que seu grupo pensou parece com o que os demais grupos observaram.

Atividade 5 — Observação da regularidade

Depois de ter discutido com seus colegas da turma sobre a atividade anterior, escreva abaixo uma dica que se poderia dar a quem tem dúvida ao escrever palavras em que M e N têm o mesmo som. Dê alguns exemplos:

_____

_____

_____

_____

Atividade 6 — Regra ortográfica

Junto com sua turma e a professora, escreva uma regra para o uso de M e N nas palavras que têm o mesmo som.

_____

_____

_____

_____

Há uma grande diferença entre apresentar a regra aos estudantes esperando que a apliquem e ajudá-los a observar uma regularidade para que compreendam o contexto no qual se encontra e registrem uma conclusão a partir da observação dessa regularidade, ou seja, escrevam uma regra ortográfica que define o que observaram, e que coincide com a norma.

Compreender uma regra não é o mesmo que decorá-la. Podemos memorizar uma regra sem saber aplicá-la, como vimos no exemplo da criança que escreveu MPORQUINHO. A observação e a análise das regularidades ortográficas ajudam os estudantes a compreenderem e construírem regras para a escrita das palavras, dando segurança para que escrevam corretamente vocábulos que nunca tiveram a oportunidade de ler.

Outra questão muito importante, e que precisa ser considerada, é que os estudantes não aprendem ortografia sozinhos, ou só lendo textos, embora a leitura, muitas vezes, favoreça a memorização das palavras. Para exigir a escrita correta, é preciso ensinar ortografia e, para isso, podemos lançar mão das sequências didáticas, da memorização e das listas de palavras mas, principalmente, da análise e reflexão sobre a escrita.

Nesse sentido, importa também analisar as estratégias didáticas quando o trabalho envolve palavras que não fazem parte de nenhuma regularidade. Ou seja, quando o uso das letras é justificado apenas pela etimologia das palavras ou pela convenção, casos em que a escrita correta depende da memorização. Muitas palavras se encaixam nesse tipo de ocorrência e, por isso, são as que as crianças mais erram ao escrever. Não há regra que ajude o aprendiz a decidir a grafia certa. É preciso memorizá-las e, na dúvida, consultar modelos de referência, como dicionários, textos ou listas construídas pelo grupo.

Essas listas cumprem um papel importante. Vejam que não é possível que as crianças memorizem absolutamente todas as palavras irregulares, porque mesmo nós, escritores experientes, não temos esse domínio. Escrevemos corretamente palavras irregulares de uso mais comum ou que integram nosso rol de palavras de uso mais frequente.

Na escola, compor listas considerando um texto a ser produzido ou mesmo um tema de estudo é fundamental para que as crianças se familiarizem com as grafias dessas palavras irregulares. A depender da faixa etária das crianças, também cabe inserir palavras cujas regras existem, mas ainda não podem ser trabalhadas porque dependem do conhecimento sobre outros aspectos da língua. Seguem alguns exemplos:

Lista de palavras para a produção de uma reescrita do conto *Chapeuzinho Vermelho*, com crianças de 1º ano:

Palavras que tivemos dúvida ao escrever o conto *Chapeuzinho vermelho*	
PRINCESA	PRÍNCIPE
LANCHE	CAÇADOR
VOVOZINHA	LOBO MAU
BRAÇOS	NARIZ
CASA	BARRIGA

Palavras para apoiar a produção de indicações literárias por crianças de 3º ano:

Palavras que tivemos dúvida ao escrever as indicações literárias	
título	ilustração
ilustrações	autor
história	interessante
engraçado	muito
imagem	personagem
coleção	você
assustador	misterioso
bruxa	malvada
bondoso	emocionante

Palavras recorrentes no estudo sobre eletricidade:

Palavras que tivemos dúvida ao escrever as anotações de estudo sobre Eletricidade	
circuito	conexão
isolante	aquecer
eletricidade	circulando
fio	energia
elétrico	polo
faíscas	funcionamento

As listas de palavras são sempre construídas com os estudantes. São eles, junto com o professor, que devem dizer quais palavras devem integrar as listas, pois tiveram dúvidas ao escrevê-las ou observaram que erraram em suas produções.

A memorização da forma correta das palavras corresponde a conservar na mente sua grafia. Quem nunca precisou escrever uma palavra em um papel para visualizá-la e se recordar de como é escrita? Nesse sentido, a exposição do aprendiz aos modelos de escrita correta das palavras é fundamental para que possa memorizá-las. O professor Arthur Gomes de Morais (2007, p. 35) destaca que as irregularidades de nossa ortografia se concentram na escrita do:

- som do S (seguro, cidade, auxílio, cassino, piscina, cresça, giz, força, exceto);
- som do G (girafa, jiló);
- som do Z (zebu, casa, exame);
- som do X (enxada, enchente).

Mas envolvem ainda, por exemplo:
- o emprego do H inicial (hora, harpa);
- a disputa entre E e I, e O e U em sílabas átonas que não estão no final das palavras (por exemplo, cigarro/seguro, bonito/escreve/grande);
- a disputa do L com LH diante de certos ditongos (por exemplo, Júlio/julho, família/toalha);
- certos ditongos da escrita que têm uma pronúncia "reduzida" (por exemplo, caixa, madeira, vassoura)

Outra estratégia interessante para o ensino da ortografia, que costuma ser pouco utilizada, é conversar com os estudantes sobre palavras que derivam de outras, considerando sua etimologia. Por exemplo: HORA é escrita com H, então horário também se inicia com H, porque deriva da palavra HORA. TELEVISOR, TELEVISIVO, TELEVISIONADO são palavras escritas com S, porque derivam da palavra TELEVISÃO. Essa é uma estratégia interessante e que também inclui inúmeras irregularidades, bem como as exceções às regras.

É importante ainda ressaltar que é muito comum os estudantes cometerem erros ortográficos ao escrever a primeira versão de seus textos, porque isso demanda muito esforço no que diz respeito ao conteúdo. Por isso, as situações de revisão são fundamentais. Ao retomarem o texto, considerando a ortografia, os estudantes têm a oportunidade de acionar o que aprenderam e corrigir as palavras que não estão de acordo com a norma. Nesse momento, a revisão faz sentido porque se leva em consideração o destinatário, o leitor do texto produzido. Quando se escreve para alguém, a preocupação com a ortografia é uma questão para o autor, que deve se atentar para a escrita correta das palavras. Por essa razão, devem ser oferecidas propostas de escrita com propósitos comunicativos reais.

Considerando que não podemos classificar todos os erros ortográficos da mesma maneira, as estratégias de ensino devem se diversificar em favor do tipo de ocorrência apresentada, de modo que os estudantes possam aprender mais e melhor.

Um bom currículo sobre ortografia deve ser planejado pela equipe docente, definindo os avanços que espera promover em relação aos conhecimentos ortográficos dos estudantes, contemplando atividades diversas, como: situações de aprofundamento com sequências didáticas sobre determinados conteúdos, conversas sobre a etimologia das palavras, listas de palavras e atividades para retomar o que foi aprendido anteriormente, análise dos erros individuais e do grupo, retomadas de conteúdos e atividades de manutenção, revisões de suas próprias escritas e, ainda, propostas de autorregulação, como no exemplo a seguir. Nesse currículo, é importante considerar as possibilidades de cada faixa etária e do que foi aprendido anteriormente, além de uma progressão de desafios e aprendizagens sobre regularidades que devem ser trabalhadas ao longo da escolaridade.

O trabalho com a correção de textos

Das perguntas iniciais acerca desse tema, resta-nos tratar da correção, aspecto muito discutido entre professores. É preciso corrigir todas as produções, todos os cadernos? Quem corrige? O que fazer com os erros? Essas são perguntas constantes entre professores, mas as mais importantes que temos a nos fazer são: Para que corrigimos e qual é a função da correção?

A correção não deve simplesmente ter a finalidade de contabilizar erros ou ser mote para a cópia repetida de palavras que causam dúvida ortográfica. Nenhuma dessas posturas contribui para a efetiva aprendizagem da ortografia, serve apenas para hierarquizar, desmotivar e até mesmo castigar os estudantes.

Evidentemente, a correção é uma forma de o professor indicar aos estudantes quais foram os erros cometidos, porém é preciso criar condições para a compreensão desses erros. Também não é interessante corrigir tudo nas produções das crianças, pois isso ocuparia muito tempo didático e a diversidade de erros pode dispersar e confundir os estudantes. Escolher o que se corrige é importante, porque é a possibilidade de dar um retorno focado aos estudantes sobre suas escritas. A partir da correção, o professor ajuda o estudante a retomar seus erros e pensar sobre o que aprendeu, se errou por distração, se tem dúvidas, se ainda não aprendeu determinadas regularidades ou se simplesmente não memorizou aquele conjunto de palavras. A autorregulação é fundamental nesse processo de retomada dos erros, é uma importante oportunidade de reflexão sobre a escrita correta das palavras. Nesse sentido, é possível organizar cadernos ou produções com propostas diferentes de correção combinadas previamente com os estudantes.

Considerando o potencial de reflexão propiciado pela compreensão dos erros ortográficos, temos algumas possibilidades de trabalho:

Gabriel T.   Ditado: O veado e a onça

Há muitos e muitos anos, quando as mulheres e os homens que viviam por aqui eram
índios, quando o chão era só de terra e
quem voava mais alto no céu era o parião,
morava lá no fundo da mata um veado
que um dia resolvel fazer uma casa.
Andou de um lado para outra para eco-
lher um lugar. Descobriu um platô interessante, no alto de um barranco onde não
ficava passando bicha toda hora.
Era perto de um rio encachoirado, se ele
quiserse beber a água. Era protegido por
umas árvôres grandes, que não deichavão
o vento cegar muito forte.
    O veado resolveu que era aquele lugar
que quería e começou a limpar o terreno.
Arrancou uns matos rasteiros, tirou umas
moitas que estavam atrapalhando, cortou
os galios mais baixos das árvores

Ditado do conto *O veado e a onça* escrito por uma criança
do 4º ano com correções da professora

CONTROLE DE ORTOGRAFIA – 4º ano
DITADO – A escolha de uma esposa

1) Palavras reescritas corretamente:

Há	começou	
Mulhe-res	galhos	
índios	baixos	
resolvel		
escolher		
platô		
árvores		
deixavam		
chegar		
resolveu		

2) Marque um **X** no (s) tipo (s) de erro (s) que você cometeu:

Letra maiúscula no começo de frase		U/L no meio ou final das palavras (ex: alto, céu)	X
Palavras com H no começo	X	U/L no final de verbos (ex: arrancou)	X
C/QU		G/GU/J	
S/SS		Separação de palavras	
CH/X	X	Falta de letras ou palavras	
S/Ç/C	X	Separação de sílabas no final da linha.	X
R/RR		Acentuação	X
AM/ÃO no final de palavras (ex: chão)		Outros	
AM/ÃO no final de verbos	X		
M/N antes de consoantes			

3) Agora, observe os tipos de erros que você cometeu. Qual (is) dele(s) você já sabia a regra ortográfica?

Todos menos H no começo e ch/x.

4) Anote suas metas para melhorar à escrita das palavras.

Estudar mais

Proposta de autorregulação ortográfica — 4º ano: Observar quais palavras foram escritas de maneira incorreta, classificar os erros cometidos e analisá-los de acordo com as aprendizagens

Correção feita pelo próprio estudante

Nesse caso, o estudante pode revisar sua escrita e corrigir o que identifica como erro, anotando suas dúvidas e retomando o que foi estudado para resolvê-las, ou ainda consultando modelos de referência, tais como textos lidos e dicionários para conferir a grafia correta das palavras.

Correção feita pelo professor

As correções feitas pelo professor podem ser uma referência, para as crianças, porque elas sabem que o docente está escrevendo de forma correta.

A partir da observação dos erros dos estudantes, o professor pode listar algumas palavras para discutir com a turma: O que já estudamos e que não poderíamos mais errar? Quais são as regras que nos ajudam a escrever corretamente algumas dessas palavras? E, ainda, organizar listas de palavras para que os estudantes copiem uma vez no caderno e possam consultá-las sempre que precisarem.

Correção feita pelos colegas

Assim como a correção feita pelo próprio estudante, essa correção pode não contemplar todos os erros, pois deve estar de acordo com as possibilidades de quem corrige. Essa é uma boa oportunidade para que os estudantes pensem sobre a grafia correta das palavras e se coloquem no papel de quem corrige. É preciso fazer acordos para que a escrita dos autores seja respeitada; nesse caso, quem corrige pode circular as palavras com lápis para que os autores retomem a correção posteriormente, pensem sobre os erros e verifiquem se estão de acordo ou não, pois pode haver equívocos.

Como pudemos observar, há muitos motivos pelos quais os estudantes cometem erros ortográficos. Porém, mais importante do que contabilizá-los, é ajudar a criança a refletir sobre o motivo do erro.

Vimos que o ensino da ortografia não pode estar pautado na relação erro-acerto, tampouco nas correções isoladas do professor ou em cópias repetidas de uma palavra. É preciso um estudo mais apurado por parte dos docentes para definir quais são os conteúdos mais adequados a cada momento da escolaridade, as estratégias para lidar com questões ortográficas diferentes e os conteúdos ortográficos que demandam a compreensão de outros aspectos da língua. Além disso, o professor precisa avaliar as demandas de seu próprio grupo de estudantes. É possível, por exemplo, que esteja previsto para aquele ano da escolaridade o trabalho com um determinado conteúdo que, na avaliação do professor, já foi compreendido pelo grupo. Isso permite que a sequência didática prevista para esse assunto não precise ser trabalhada.

Será continuamente e por meio de diferentes estratégias de ensino que, de forma gradativa e progressiva, as crianças passarão a se preocupar com a escrita correta nos textos que produzem e a ter um repertório de formas para resolver essa questão, seja conhecendo a regra, seja recorrendo a dicionários ou listas para consulta.

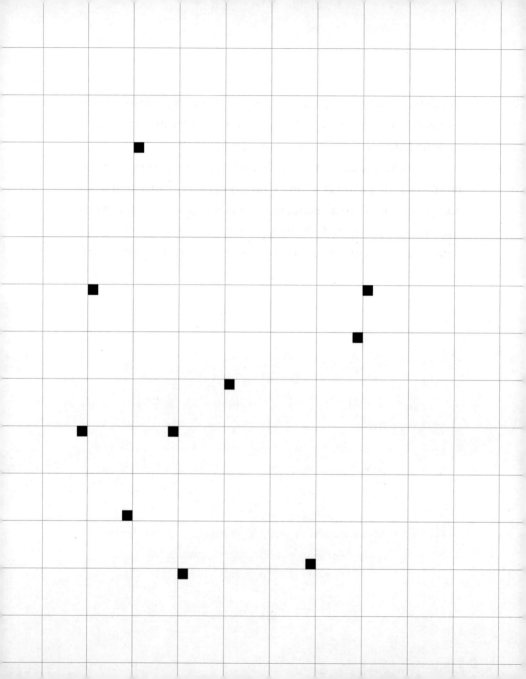

5   O ensino da gramática

"Aprendi gramática pela classificação das palavras. O professor apresentava um conceito abstrato, que escrevia na lousa seguido de uma lista de palavras. Depois, fazíamos atividades com uma série de palavras ou frases soltas a serem classificadas." Esse é o relato de muitos professores sobre seu aprendizado de gramática.

Historicamente, o ensino da gramática ocupou quase a totalidade do currículo escolar na área de Língua Portuguesa. Mas esse ensino se reduzia à análise sintática de orações isoladas e à memorização de conceitos gramaticais. Essa classificação nunca se relacionava com a leitura e a escrita de textos. Era como se, ao ensinar conteúdos de gramática, automaticamente os estudantes transpusessem o que aprenderam, coordenando esses saberes por conta própria, tornando-se bons leitores e escritores.

Houve também um momento na história do ensino escolar em que os professores não ensinavam gramática, destinando esse tempo a propostas de redações e leituras, como se fosse possível que cada estudante pudesse refletir sobre os recursos da língua e aprendê-los sozinho. Houve também, por outro lado, práticas de ensino descontextualizado de gramática, em que os estudantes precisavam perceber que uma oração era extraída do texto para ser analisada do ponto de vista da estrutura e do reconhecimento dos componentes ali presentes, sem relação com o texto do qual foi retirada (KAUFMAN; RODRÍGUEZ, 2008).

Como destacam as pesquisadoras Ana Maria Kaufman e Maria Helena Rodríguez (2008, p. 117), essas formas de trabalhar a gramática ocuparam "[...] horas e horas das aulas dedicadas à língua sem se relacionar com a leitura e a escrita de textos ou, o que é ainda mais questionável, desprezando frequentemente essas práticas".

Mas, afinal, por que ensinar gramática?

Para que seja efetivo, o ensino dos conceitos gramaticais precisa estar a serviço da leitura e da escrita. Kaufman e Rodríguez (2008) afirmam que o trabalho deve visar a que os estudantes, conhecendo melhor a língua, utilizem-na como ferramenta para a produção e a leitura de textos. Aprendemos gramática porque isso nos ajuda a escrever melhor e a compreender os textos com maior profundidade. Esses conteúdos devem, portanto, possibilitar aos estudantes um melhor domínio da língua de modo a terem, cada vez mais, recursos para a produção e a interpretação dos textos.

Para produzir a descrição de uma bruxa, por exemplo, ler contos em que essa personagem aparece e discutir sobre os adjetivos empregados favorece a compreensão da função desse conteúdo gramatical. Será, então, a partir dessa discussão, que os estudantes poderão produzir suas próprias descrições. Por sua vez, quando refletem sobre a maneira de elaborar um relato a partir da história vivida por um personagem real em sua infância, tratam dos recursos usados para emocionar o leitor ou diverti-lo e, nesse caso, pode-se trazer reflexões sobre metáforas, adjetivos e sinônimos. Já para apoiar a escrita de indicações literárias, além de bons adjetivos e locuções para apresentar as obras ou seus autores, cabe discutir verbos e tempos verbais para instigar o leitor: leia, aprecie, divirta-se[1].

---

1 Os textos intermediários, como registros dessas análises, podem contribuir com as produções. Esse tema foi abordado no capítulo 2.

Para que os estudantes possam, de fato, fazer uma análise mais aprofundada sobre determinado conteúdo gramatical, o professor precisa planejar intervenções para torná-la possível. Isso pode ser feito por meio de perguntas que ajudem o leitor a se remeter ao texto e a discutir sobre os recursos da língua. Sabemos que o fato de propor a leitura, pura e simplesmente, não contribui, de modo efetivo, para essa análise. É preciso conversar sobre o texto e analisar os recursos empregados, suas funções e os impactos que causam nos leitores.

É importante explicitar aqui que todos esses exemplos, no âmbito da leitura, estão relacionados a uma produção textual — buscar nos textos de referência bons modelos para apoiar a escrita. As discussões sobre os recursos linguísticos não cabem para todos os gêneros, como os literários, cuja leitura tem objetivo de apreciação, e, portanto, não deve ser proposta como pretexto para o ensino de conteúdos gramaticais. O mesmo ocorre numa situação de pesquisa, quando a leitura tem como propósito buscar informações sobre o tema, não fazer análise linguística.

O que propomos aqui é, mais uma vez, um olhar diferenciado sobre o que se pensa a respeito do ensino da gramática. É fato que saber gramática nos torna melhores escritores e leitores, desde que se faça uma relação significativa desses conteúdos com os textos lidos e produzidos.

Podemos tomar como exemplo o exercício de ler um trecho do conto *Felicidade clandestina*, de Clarice Lispector (1998, p. 9).

Ela era gorda, baixa, sardenta e de cabelos excessivamente crespos, meio arruivados. Tinha um busto enorme, enquanto nós todas ainda éramos achatadas. Como se não bastasse, enchia os dois bolsos da blusa, por cima do busto, com balas.
Mas possuía o que qualquer criança devoradora de histórias gostaria de ter: um pai dono de livraria.

Adjetivos
Conjunção — adversativa
Conjunção — comparação
Interjeição — reprovação

A partir deste trecho, foi possível criar uma imagem mental da personagem como alguém diferente dos demais.

• O uso de adjetivos na descrição da personagem faz com que consigamos imaginá-la.

• Oposição entre personagens — **ela** × **nós**; **ela** × **eu** (parte de **nós**) — personagem diferenciada.

• Os adjetivos (**gorda, baixa, ...,** busto **enorme**) têm a função de formar um conjunto de características desqualificadoras da personagem.

Ainda que a maneira como esses adjetivos foram empregados ajude a construir uma imagem que desqualifica a personagem, o uso da conjunção adversativa a enaltece: "**Mas** possuía o que qualquer criança devoradora de histórias gostaria de ter: um pai dono de livraria."

Como podemos ver, os recursos linguísticos empregados no trecho selecionado podem transmitir ao leitor diversas imagens. Obviamente, o conhecimento de mundo e as experiências vividas podem interferir nas interpretações. Por essa razão, podemos voltar ao mesmo texto várias vezes e sempre lê-lo de uma maneira diferente.

Há uma interface entre ler e escrever. Enquanto leem literatura, os estudantes podem também aprender sobre como o discurso se organiza e quais são os recursos que a língua oferece causando diferentes impressões no leitor. Por outro lado, enquanto produzem textos, se tornam melhores leitores também por fazer uso dos recursos a favor do aprimoramento de seu próprio texto. Ler os textos e conversar sobre como foram escritos ou como algumas partes da história os afetaram, por exemplo, buscando trechos que justifiquem tais impressões, pode ampliar fortemente os saberes dos estudantes.

De fato, fazer essas análises contribui intensamente para a formação do leitor. Entretanto, é preciso considerar a as particularidades do que as crianças são capazes de ler, de falar e de escrever sobre o que leem no início do Ensino Fundamental, já que estas atividades requerem competências específicas. Daí surge a importância de se chamar a atenção do aprendiz para os recursos utilizados, isto é, para as escolhas de palavras e os modos de dizer. Trata-se de trabalhar a gramática em seu funcionamento, a língua em uso, do ponto de vista do leitor, escritor ou de quem fala sobre o que leu ou escreveu. O mais importante do trabalho com gramática é possibilitar aos estudantes que adquiram melhor domínio da língua como ferramenta para a produção e interpretação de textos em diversas situações.

Independentemente do objeto colocado em primeiro plano — discursivo, textual ou gramatical —, essa reflexão sempre evidencia o interjogo entre "o que se quer dizer" e "as diferentes maneiras de dizê-lo, de evitá-lo e de escondê-lo". A descrição gramatical pode ajudar, desse ponto de vista, a reconhecer esse interjogo e a explicitá-lo com maior precisão. A gramática, nesse caso, se coloca efetivamente tanto a serviço da interpretação, aprofundando-a e apurando-a, quanto da produção, já que nos permite verificar os prós e contras de eleger, dentre as tantas possibilidades que a língua oferece, recursos que mais se adequem a nossas metas comunicativas.

Na sequência abaixo, é possível observar exemplos de uma discussão sobre o uso de adjetivos nos textos.

REVISÃO DA INDICAÇÃO LITERÁRIA

1. As indicações literárias abaixo são do mesmo livro. Leia-as atentamente e depois responda às perguntas que se seguem:

INDICAÇÃO 1
TÍTULO: *Matilda*
AUTORA: Roald Dahl
EDITORA: WMF Martins Fontes

Matilda deveria ser igual aos pais dela: só gostar de TV. Mas ela não é assim. Matilda prefere os livros. Ela aprende a ler sozinha e a fazer contas e, porque insiste muito, vai parar na escola. Lá ela conhece uma professora que vai ajudá-la a descobrir seus poderes e a enfrentar as maldades da diretora, que odeia Matilda e as outras crianças.

Quer conhecer Matilda e suas aventuras? Leia este livro de Roald Dahl, autor inglês, que escreveu também outros livros, como *A fantástica fábrica de chocolate*.

INDICAÇÃO 2
TÍTULO: *Matilda*
AUTORA: Roald Dahl
EDITORA: WMF Martins Fontes

A pequena Matilda deveria ser igual aos pais dela: só gostar de TV. Mas ela não é assim. Matilda prefere os livros. Ela aprende a ler sozinha e a fazer contas de cabeça e, porque insiste muito, vai parar na escola. Lá ela conhece uma professora extraordinária que vai ajudá-la a descobrir seus poderes de magia e a enfrentar as maldades da perversa diretora, que odeia Matilda e as outras crianças.

Quer conhecer Matilda e suas incríveis aventuras? Leia este livro de Roald Dahl, autor inglês, que escreveu também outros livros maravilhosos para crianças, como *A fantástica Fábrica de chocolate*.

a. Quais as diferenças entre as duas indicações?

b. Qual das duas você acredita que poderá chamar mais a atenção dos leitores?

No caso da produção de indicações literárias, é preciso considerar que esses textos não são simplesmente descritivos, eles precisam convocar o leitor, aguçando sua curiosidade. Não são exatamente resumos, mas devem também trazer informações sobre a história, o autor e o ilustrador; e devem, sobretudo, despertar o interesse de novos leitores. Nesse sentido, é uma produção desafiadora para os estudantes e que aparece com frequência como proposta nas escolas.

Dessa forma, a análise gramatical da indicação literária sugerida na atividade acima se apresenta de forma contextualizada e a favor do fazer do escritor. Nela, evidencia-se o uso de "palavras e expressões que deixam o texto mais interessante", sem ainda a necessidade de nomeá-las como adjetivos. O mais importante é que as crianças identifiquem a função dessas palavras ao dar qualidade aos substantivos, ou seja, qualificando a obra, o autor, o ilustrador, o personagem, etc. É mais provável que os estudantes façam uso dessas expressões na escrita de suas próprias indicações literárias após essa sequência de análises do que se forem submetidos à análise de orações isoladas.

É importante salientar que isso não significa afirmarmos que as crianças "já aprenderam" sobre os adjetivos e esperarmos que deem conta de usá-los adequadamente em diferentes produções escritas. Será preciso, como no caso descrito, que discutam o uso dessas palavras ou expressões (no caso das locuções adjetivas) também a serviço de textos de outros gêneros. Assim, aos poucos, poderão de fato se apropriar de seus usos ao ampliar o olhar sobre o papel desse conjunto de palavras e expressões nos diferentes gêneros.

O objetivo da atividade que comentamos é observar a função dessas palavras no texto e refletir sobre a forma como ajudam a descrever determinados aspectos apresentados na indicação literária, qualificando o texto. Nessa discussão, os estudantes podem pensar sobre a função dos adjetivos nesse tipo de texto, embora não tenham sido nomeados até então. Mais importante do que a nomenclatura da classe gramatical e a memorização de sua definição é saber qual é a função dos adjetivos nos textos. O uso de adjetivos em uma descrição de bruxas, por exemplo, é diferente do uso dos adjetivos ou locuções adjetivas em uma indicação literária, assim como na descrição de um animal em uma legenda.

Ao final de uma sequência de atividades como a descrita, com registros sobre o que os estudantes aprenderam a respeito do conteúdo, ou seja, depois da sistematização, eles voltam a revisar seus próprios textos procurando fazer os ajustes necessários para que a produção fique ainda melhor.

O trabalho com sequências didáticas que abordem os conteúdos gramaticais ganha sentido quando os estudantes revisam suas produções. Selecionar conteúdos que apoiam a produção para tratar de forma descontextualizada (a partir do texto que se está a produzir), para recontextualizar posteriormente (voltando ao texto), permite ao estudante que se distancie de sua produção e reflita sobre diferentes questões.

Devemos pensar em possíveis caminhos para conseguir que o ensino dos conceitos gramaticais, sempre a serviço da leitura e da escrita, possibilite aos estudantes que adquiram melhor domínio da língua como ferramenta para a produção e a interpretação de textos em diversas situações comunicativas. É na busca por soluções para os problemas textuais que os estudantes recorrem a eles e, do mesmo modo, aprendem sobre eles.

6 Textos informativos na escola: desafios na leitura e na produção escrita

Já faz tempo que, no universo escolar, refletimos sobre a formação do leitor, sobretudo no que se refere à leitura de textos literários. Além disso, considerando a importância da ampliação do olhar do professor para o percurso de leitura e de escrita das crianças, enfatizamos, também, a necessidade de aprofundarmos estudos e discussões em torno do trabalho com os textos informativos.

É importante destacar que, de nossa parte, esse novo percurso de reflexões tem origem, inicialmente, nas falas de diferentes crianças em situações de leitura e produção de textos informativos.

"Qual parte do texto eu preciso marcar? Não entendi nada! O que tem de mais importante?"

"Posso escrever esse texto em forma de lista? Não sei como escrever tudo junto..."

"Eu sei sobre esse assunto, consigo falar sobre ele, mas não consigo escrever!"

Questões como essas, que surgiram à medida que as crianças vivenciavam desafios nos momentos de leitura e de escrita, apontam para a necessidade de repensarmos, nos contextos de ensino e aprendizagem, o papel desses gêneros, a fim de buscarmos intervenções favoráveis para que as crianças avancem, como leitores e escritores. Diante desse contexto, algumas perguntas vêm à tona: temos, no ambiente escolar, ampla ciência acerca do trabalho com os textos informativos e de sua importância para a formação do leitor? De quais critérios costumamos lançar mão para definir a seleção de bons textos? Como avaliar conteúdos e reconhecer níveis de leituras? De que modo podemos provocar as crianças para que avancem na compreensão de textos considerados desafiadores? De que maneira podemos intervir, nos momentos de produção e revisão dos textos, para que tenham um amplo e variado repertório linguístico capaz de favorecer a elaboração de textos de qualidade?

Como vemos, são muitas — e de naturezas distintas — as questões sobre as práticas de linguagem relacionadas ao movimento de leitura e escrita de textos informativos na escola. Assim, considerando a necessidade de ampliar o debate em torno dessas perguntas e da importância da busca de respostas possíveis para tais indagações, tentaremos pensar em caminhos para alargar a nossa compreensão sobre o trabalho realizado nos Anos Iniciais do Ensino Fundamental. Para isso, apresentamos inicialmente uma breve explanação das contribuições de estudiosos que favorecem o avanço dos estudos e reflexões sobre o tema, e, em seguida, descrevemos algumas atividades desenvolvidas e socializamos um conjunto de conclusões a respeito do trabalho com textos informativos.

Os textos informativos e a sua importância para a formação do leitor e do escritor

É consensual a ideia de que os textos literários podem favorecer a leitura estética, despertar emoções, divertir, envolver e, dessa forma, contribuir para o vínculo com a leitura e promover significativas situações de escrita. Entretanto, segundo Mary Jane Spink (1989 citada por Ana Garralón, 2015), um livro informativo pode provocar novas ideias e descobertas de linguagem, cativando o leitor de modo similar ao que ocorre quando da aproximação com textos literários.

No sentido de formar leitores autônomos e críticos, desde os anos iniciais da escolaridade, o trabalho com diferentes gêneros textuais se faz presente em muitas escolas. É comum que o contato com esses textos aconteça em situações de rodas de biblioteca, pesquisas e várias outras propostas realizadas em sala de aula. A leitura precisa, enfim, se fazer presente de maneira intensa e bem planejada, sobretudo quando o assunto é a leitura de literatura. Ampliando o olhar para a leitura e escrita na escola, fomos, gradativamente, pensando sobre o lugar dos textos informativos nesse contexto. Foi assim que tivemos a possibilidade de reafirmar propósitos e ações que vêm garantindo a sistematização de conhecimentos em relação à formação leitora e escritora das crianças. Indo além, pudemos levantar, em contrapartida, questões que merecem estudos mais aprofundados acerca do trabalho. E é nessa direção que refletimos sobre o que deve ser aprimorado em nossas práticas quando falamos de ensinar a ler e a escrever textos que não são literários.

Eis, então, algumas questões que motivaram a elaboração de uma sequência didática capaz de promover a construção de conhecimentos por parte das crianças e de assegurar, no cotidiano das aulas de leitura e de escrita das áreas de Ciências da Natureza e Ciências Humanas uma importante dinâmica de reflexões a respeito *do que se diz, como se diz* e *para quem se diz*, à medida que ocorre a produção escrita e de leitura dos textos que têm a função de informar. Assim, nos questionamos: Com que frequência as crianças vivenciam boas situações de aprendizagem envolvendo leitura e escrita de textos informativos em cada ano do Ensino Fundamental? De que maneira a avaliação dos textos e os conhecimentos acerca dos níveis de leitura podem contribuir para o vínculo com a leitura e a compreensão do lido? Como o currículo está organizado levando-se em consideração a formação do leitor e a importância de uma progressão de aprendizagens em relação aos gêneros textuais propostos para ensino?

Encontrar respostas para tantas questões não é, nem de longe, uma tarefa fácil, dada a complexidade inerente a todo e qualquer processo de ensino e de aprendizagem. Portanto, conscientes da necessidade de um planejamento eficiente e capaz de viabilizar um trabalho pautado na observação, análise, reflexão, produção de registros e sistematização de ideias, desenvolvemos, passo a passo, atividades que em longo prazo favoreceriam a ampliação das competências leitora e escritora das crianças do Ensino Fundamental. Para começar, foi preciso, como já salientamos, dialogar com estudiosos do campo da linguagem a fim de fundamentar as nossas propostas e contribuir para o avanço das crianças. Nessa direção, a bibliotecária Betty Carter (citada por Ana Garralón, 2015, p. 16) já nos diz:

> A não ficção é tão importante e até mesmo vital para os jovens, oferece informações que levam ao respeito e à satisfação. Introduzir livros que apresentam novos modelos para organizar o conhecimento serve muitas vezes como ponto de partida para inquietações que nos acompanharão para o resto da vida.

Organizar o conhecimento e estimular a busca de respostas para questões que nasciam nas aulas enquanto as crianças sentiam diferentes necessidades relacionadas à leitura e à escrita dos textos informativos foram algumas das importantes ações desenvolvidas ao longo desse percurso de estudos. Na condição de professores, gradativamente, percebíamos nossas inquietações e, principalmente, aquilo que trazia grandes desafios para as crianças. Afinal, entendemos que ler e escrever são práticas que se integram, embora cada uma delas tenha as suas especificidades. E essa ideia de integrar a leitura e a escrita voltadas para um propósito comum — a ampliação das competências textuais das crianças — foi sendo reafirmada em cada tarefa proposta.

Era o começo de uma extensa caminhada rumo à construção de saberes que trazem os textos informativos para um lugar de destaque na sala de aula. A não ficção, nesse sentido, passa a ser observada de outro lugar e abre espaço para diálogos entre diferentes campos do conhecimento. Assim, comungamos das ideias de Ana Garralón (2015, p. 201), quando destaca:

> Os livros de não ficção podem ser usados em aulas de história, geografia, ciências ou matemática e, inclusive, ser lido na "hora da história" ou antes de dormir. O que desejamos é reforçar, se o objetivo é desenvolver um pensamento crítico, a necessidade de atuar antes, durante e depois da leitura para favorecer todos os processos de compreensão do texto e ajudar os leitores a se familiarizar com os livros e seus discursos.

Ajudar o estudante a ampliar suas competências como leitor de textos informativos é uma tarefa exigente, pois é necessário pensar em ações que garantam o acesso das crianças à escrita de qualidade. Diante da importância de se intensificar a prática de leitura desses gêneros, é relevante destacar, também, o significativo papel do professor na seleção de bons livros, considerando a qualidade e a diversidade dos títulos e o trabalho realizado ao longo das séries.

Nesse sentido, de modo geral, vale destacar que estamos, no cotidiano escolar, mais familiarizados com a definição de critérios para realizarmos uma seleção de livros literários. Porém, precisamos alargar as nossas experiências, na condição de docentes e mediadores de leitura, para termos também condições de realizar, com segurança, escolhas pertinentes de textos informativos. O olhar do professor precisa ir além de identificar e conhecer autores, ilustradores, adaptadores e tradutores. Logo, o docente deve direcionar suas formas de análise dos textos, atentando para o projeto gráfico dos livros, ano de publicação, apreciação e avaliação da linguagem, dos temas e abordagens feitas pelos autores, conteúdo e diferentes paratextos.

Também é fundamental considerar a importância do contato dos estudantes com uma variedade de gêneros de função informativa que apresentem vários níveis de leitura — notas de enciclopédia, bibliografia, relatos de experiência e diferentes livros ilustrados, com desenhos e fotografias — para que eles possam, a cada experiência leitora, fazer descobertas valiosas.

Como acompanhar as crianças na leitura e escrita de textos informativos?

Antes de mais nada, lendo e escrevendo. Com a intenção de integrar essas práticas, durante os estudos voltados para os textos informativos, desenhamos ações que trariam as crianças para um importante movimento de reflexão e produção de conhecimento. Assim, encaminhamos diferentes atividades, embora tenhamos definido para cada uma delas objetivos comuns, já que a frente de trabalho que direcionava os procedimentos de leitura, escrita, análise e atribuição de sentidos era "ler para aprender a escrever". E, partindo desse eixo, as tarefas contemplavam propostas capazes de promover, gradativamente, o avanço das crianças. Eis a descrição dessa caminhada de pesquisa e investigação diante do que era lido e estudado pelas turmas.

A primeira atividade realizada em classe — análise da escrita dos textos em pequenos grupos — precisava considerar, sobretudo, as primeiras perguntas feitas por uma das crianças, quando se deparou com a tarefa que lhe convidava a escrever um texto informativo: "Posso escrever em forma de lista? Não sei como escrever tudo junto…"; "Eu sei sobre esse assunto, consigo falar sobre ele, mas não consigo escrever!".

Atentando, então, para as necessidades mais relevantes das crianças, lançamos as seguintes questões para o grupo: Como será que são escritos esses textos informativos? De quais estratégias os autores se utilizam para atender aos seus propósitos de escrita? Vamos pensar sobre isso?

Com perguntas e propostas de leitura para reflexão sobre os textos e observação de bons modelos, buscamos aos poucos uma maior aproximação e intimidade com as estratégias de escrita utilizadas pelos autores, analisando e apreciando o uso da linguagem feito por eles em suas produções. Assim, em duplas ou pequenos grupos, as crianças observavam e conversavam sobre o lido, a fim de compreender as diferentes formas de articulação das ideias apresentadas pelos escritores.

A seguir, descrevemos, de maneira geral, algumas análises realizadas coletivamente numa classe de 5º ano, à medida que as crianças liam textos informativos selecionados e expressavam as suas impressões acerca dessas produções.

Texto 1: *Jardim Gramacho*, de Marcos Prado (2012)

1 — O autor começa o texto como se fosse contar uma história. Fala como estava o dia e situa o leitor no tempo em que tudo aconteceu.

"Foi num dia chuvoso de domingo, em 1994, que me veio a ideia de conhecer de perto o local onde era diariamente depositado o lixo que eu produzia em minha casa."

2 — O autor expressa emoções e sentimentos, escrevendo em primeira pessoa. Parece ser, de fato, uma das pessoas que vivem no lixão Jardim Gramacho.

"Assustava-me imaginar a montanha de dejetos gerados numa cidade com mais de 8 milhões de habitantes..."

"É muito difícil descrever a sensação que se tem quando se adentra pela primeira vez um lixão como Gramacho. Além do mar de lixo, do cheiro fétido e putrefato do ar, do fogo e da fumaça que brotavam espontaneamente do chão, do mangue... o que mais me chocou foram as dezenas de homens, mulheres e crianças que se encontravam, misturados ao caos daquele cenário de abandono e desolação..."

3 — Faz uso da DESCRIÇÃO para contar detalhes acerca do que viu, aprendeu e sentiu no lixão.

"Situado no município de Duque de Caxias, beirando as águas da baía de Guanabara e rodeado por uma pequena favela comandada pelo tráfico, o lixão ocupava uma área de mais de 1 milhão de metros quadrados e formava uma enorme montanha de lixo que se via a quilômetros de distância..."

"Aprendi que alguns catadores pernoitavam a semana toda no lixão, pois preferiam poupar o dinheiro da passagem de volta pra casa; outros faziam dali sua própria morada, a céu aberto, transformando a si próprios em lixo social..."

4 — Apresenta a sua opinião ao longo do texto.

"Naquele momento, resolvi documentar esse desafio a longo prazo, sem acreditar que seria possível transformar o lixão em aterro metropolitano e, posteriormente, num parque, conforme os planos da Comlurb."

5 — Além de dizer o que sente, o autor traz algumas informações "extras". Revela ter conhecimento sobre instituições, ONGs e apresenta dados numéricos sobre o tema, sugerindo uma importante pesquisa antes de expô-los ao leitor.

"No ano seguinte, a Prefeitura deu continuidade a um projeto, iniciado após a ECO 92, para transformar o Lixão de Jardim Gramacho em aterro sanitário. Essa empreitada terminaria por volta de 2005, ano estimado para que estivesse saturada a capacidade de o aterro receber detritos urbanos, quando então seria necessário transferi-lo para outro local..."

"Segundo dados da Comlurb, em 1999, havia mais de 1.000 catadores, que se alternavam, ininterruptamente, dia e noite..."

Texto 2: O caminho do lixo

1 — A escrita, em terceira pessoa, no texto 2, aparece de um jeito mais objetivo e direto.

"A cada dia que passa, o lixo ganha mais atenção por parte da humanidade: nunca se produziu tanto lixo como hoje em dia. Para se ter uma ideia, os habitantes da cidade de São Paulo produzem, diariamente, cerca de 15 mil toneladas de lixo."

2 — O autor faz uso de afirmações e trabalha com muitas definições.

"A diferença principal entre um aterro e um lixão é que no aterro se aterram os resíduos sob o solo para evitar grandes transtornos ambientais. No lixão, o lixo é depositado sobre o solo sem qualquer cuidado, provocando uma série de problemas de contaminação, inclusive da água. Em algum momento, o espaço para depositar o lixo de São Paulo vai acabar. E, quem sabe, teremos de conviver com montanhas de lixo por todos os lados." Mais adiante também descreve e faz comparações para explicar melhor a situação do lixo na cidade de São Paulo.

"Para efeito de comparação, em uma semana, há tanto lixo produzido na cidade que seria possível encher o estádio do Morumbi. E olha que em um ano são 52 semanas (ou 52 estádios do Morumbi cheinhos de lixo)..."

"Quando jogamos qualquer coisa em uma lata de lixo, isso significa que aquela coisa já não nos serve mais. Mas a lata de lixo não é um desintegrador de matéria. O lixo que jogamos no cesto tem de ir para algum lugar."

3 — Conta curiosidades e parece ter a intenção de despertar a atenção do leitor para o tema.

"O caminhão de lixo, por mais mágico que nos pareça, também não tem a capacidade de desintegrar todas aquelas coisas. Existe um equipamento naquele caminhão que, operado por trabalhadores conhecidos como "lixeiros", transforma um grande volume de lixo em um bloco mais compacto. Mas o caminhão só faz apertar todo aquele lixo: ainda existe ali a mesma quantidade de matéria."

4 — Ao longo do texto, o autor faz perguntas e estabelece um diálogo com o leitor. O uso dessa estratégia sugere uma forma de fazer provocações, envolver o leitor e estabelecer um certo grau de intimidade entre quem escreve e o seu interlocutor.
"Poderíamos simplesmente não nos ocupar desse problema." Aliás, será que isso é um problema? "Ele recolhe o lixo deixado por nós em sacos plásticos. Ufa! Nos livramos de tudo aquilo, não é?"

5 — Em alguns parágrafos, o autor retoma o que disse anteriormente e ratifica a informação para chamar a atenção do leitor.
"Infelizmente, não é possível reciclar tudo, mas já é um passo importante reciclarmos algumas coisas."

Na análise desses textos, as crianças perceberam que os autores descrevem, afirmam, argumentam, comparam informações, perguntam e retomam o mesmo assunto em parágrafos diferentes. Além disso, atentaram para a opção de escrita em primeira ou terceira pessoa. É importante destacar que todas essas observações foram tecidas após muitas situações em que as crianças tiveram a oportunidade de ler e analisar textos informativos sobre diversos assuntos.

Numa segunda atividade, tínhamos como propósito favorecer a ampliação do olhar das crianças leitoras para palavras ou expressões que cumprissem a função de conectar, relacionar, retomar, organizar as informações e situar o leitor. Nessa direção, durante alguns dias, as crianças leram, conversaram sobre aspectos relacionados ao uso desses recursos nos textos e, em pequenos grupos, destacaram com caneta marca-texto essas palavras e expressões.

Vejamos o exemplo abaixo que contém os grifos das crianças:

Texto: O trabalho com o lixo.

Nas sociedades urbanas, em especial nas grandes cidades, todo e qualquer objeto sem uso, descartável, que não tenha serventia nem valor imediato ao cidadão que o possui é considerado lixo. Esse modo de agir faz com que diferentes tipos de material sejam descartados, sem nem se considerar a possibilidade de reutilizá-los ou de reciclá-los.

Algumas pessoas, recebendo salários por isso ou não, trabalham na organização desse material que foi jogado fora. Trabalhando em condições bastante ruins, elas separam o que pode ou o que não pode ser ainda aproveitado. São conhecidas como *catadores de lixo*. Além de trabalhar no meio do lixo, sem cuidados e sem garantias de que não pegarão uma doença ou se contaminarão com alguma substância tóxica produzida nos lixões, os catadores recebem muito mal pelo que produzem.

Seu trabalho consiste em selecionar os materiais recicláveis ou reutilizáveis no lixão, carregá-los até postos de compra e venda de materiais reciclados e vendê-los.

O problema é que muitas vezes quem compra os materiais desses catadores sabe que eles estão desesperadamente precisando de dinheiro. Com isso, sabem que, se oferecerem um valor bem baixo pela mercadoria, os catadores vão querer vender os produtos mesmo assim.

Esse ciclo de exploração faz com que sempre existam pessoas nas condições que vimos nas fotografias de Marcos Prado.

Mas há também outras maneiras de ganhar dinheiro com o lixo. Na maior parte dos pontos de uma grande cidade como São Paulo, pelo menos duas vezes por semana passa o caminhão do lixo. Ele não funciona sozinho: um conjunto de pelo menos quatro trabalhadores acompanha o caminhão: seu motorista, dois carregadores e um operador do compactador de lixo, que fica na parte posterior do caminhão.

Nos entrepostos de distribuição do lixo (reciclável ou não), também trabalham pessoas que fazem a *triagem*, ou seja, separam lixo reaproveitável de lixo descartável. Existem também os garis, que são os varredores de ruas.

A diferença entre esses outros três tipos de trabalhadores do lixo e os catadores é que eles recebem salários. Em outras palavras, mesmo que mal pagos para fazer um trabalho tão essencial à vida na cidade, esses trabalhadores são contratados por uma empresa, que por sua vez é contratada pela Prefeitura municipal.

Como se vê, em condições degradantes de trabalho ou não, é possível ganhar algum dinheiro com o lixo nas grandes cidades.

Uma proposta de produção textual para relacionar ideias entre o que se lê e se escreve

Após passarem por diferentes situações de análise das linguagens dos textos de Ciências Naturais e Ciências e estudo das estratégias de escrita utilizadas pelos autores, apresentamos às crianças uma proposta de organização/produção textual, em dupla, oferecendo a eles, como referência, uma lista de informações e um banco de palavras e expressões que ficariam disponíveis para consulta. Nessa atividade sobre o tema das Grandes Navegações, foi, então, solicitado às crianças que buscassem maneiras de relacionar as frases do texto, lançando mão dos termos disponíveis.

Lista de informações gerais levantadas pelo grupo sobre as Grandes Navegações, tema das aulas de Ciências Sociais:

· As especiarias eram importantes para os europeus dos séculos XV e XVI.

· Os europeus tinham de buscar as especiarias e a porcelana na Índia.

· As rotas terrestres, para chegarem até a Índia, estavam bloqueadas pelos turcos.

· As especiarias tinham um valor bastante diferente do que têm hoje.

· Navegar se tornou uma solução para os europeus descobrirem o novo caminho marítimo para as Índias.

· Muita coisa mudou no mundo com as descobertas marítimas de Portugal e Espanha no século XVI.

• As especiarias eram usadas na culinária, na elaboração de remédios, na indústria de corantes, perfumes, essências e na conservação de alimentos.

• O comércio de especiarias era bastante lucrativo para os europeus.

• A Europa passava por crises de fome.

• A chegada de novos alimentos ajudou a superar a crise de fome na Europa.

Banco de palavras e expressões

porque	e	esses produtos	por esse motivo	por isso	esse problema
mas	por essa razão	para	com	porém	por volta de
com essas informações	quando	podemos entender que	com isso	dessa forma	assim

A seguir, apresentamos alguns textos elaborados pelas crianças a partir da análise da lista de informações e do banco de palavras e expressões:

Produção 1

As especiarias eram importantes para os europeus dos séculos xv e xvi porque nessa época a Europa passava por crises de fome, as cidades eram sujas, com cheiro ruim e eles tinham muitas doenças e poucas opções de alimentos. Por essa razão, as especiarias eram usadas na culinária, na elaboração de remédios, na indústria de corantes, perfumes, essências e na conservação de alimentos.

Quando os europeus precisavam das especiarias eles tinham de buscar na Índia, porém, as rotas terrestre estavam bloqueadas pelos turcos. Esse problema fez com que navegar se tornasse uma solução para os europeus descobrirem o novo caminho marítimo para as índias.

Muita coisa mudou no mundo com as descobertas marítimas de Portugal e Espanha no século xvi.

As especiarias tinham um valor bastante diferente do que têm hoje.

O comércio de especiarias era bastante lucrativo para os europeus.

Produção 2

Muita coisa mudou no mundo com as descobertas marítimas de Portugal e Espanha no século XVI. Navegar se tornou uma solução para os europeus descobrirem o novo caminho marítimo para as Índias porque as rotas terrestres, para chegarem até lá, estavam bloqueadas pelos turcos.

A Europa passava por crises de fome. Com isso, os europeus tinham de buscar as especiarias e a porcelana na Índia. O comércio de especiarias era bastante lucrativo para os europeus porque eram usadas na culinária, na elaboração de remédios, na indústria de corantes, perfumes, essências e na conservação de alimentos. Por isso, podemos entender que as especiarias eram importantes para os europeus dos séculos XV e XVI e tinham um valor bastante diferente do que têm hoje.

A chegada desses novos alimentos ajudou a superar essa crise.

Aqui, destacamos algumas situações simultâneas de leitura e de escrita que tinham como foco aproximar as crianças do universo das estratégias de produção textual para que elas, gradativamente aprendessem, além de relacionar informações, a observar o efeito de sentido que a escolha das palavras e expressões é capaz de indicar num texto. Dessa forma, as jovens leitoras já começam a fazer parte de um movimento de análise de dados, dialogando com as condições de produção da escrita e exercitando suas capacidades intelectuais de maneira significativa. Nessa direção, ao desenvolvermos essas propostas, ratificamos o que assinala a pesquisadora argentina Beatriz Aisenberg (2010, p. 79) acerca desse assunto:

> Na tradição escolar está muito presente a ideia de que ler é extrair informação dos textos. Ou seja, é como se os textos fossem vistos tais quais "reservatórios" de informações e que a tarefa do leitor seria passiva e simples: limitar-se-ia a encontrar essa informação dada no texto do mesmo modo para qualquer leitor. Partindo dessa ideia, o trabalho intelectual interessante para a aprendizagem de história ou geografia — como explicar, relacionar, inferir, etc. — viria depois da leitura, a partir da suposta informação já extraída. É por isso que grande parte dos exercícios escolares com os textos promove basicamente a localização e a reprodução de informação para depois trabalhar com ela.

Refletindo a respeito das ideias da autora, entendemos que a busca pela autonomia leitora é sempre muito desafiadora, afinal, já sabemos, ler é muito mais do que reproduzir o que foi dito pelo autor e transcrever informações. Como destaca Beatriz Aisenberg (2010), é preciso que o trabalho intelectual aconteça para que haja aprendizagem.

Por isso, é essencial, no percurso de ensino e de aprendizagem da leitura e da escrita de textos informativos — e de tantos outros gêneros —, que o professor proponha caminhos favoráveis à criação de estratégias por parte das crianças quando pedirem explicações, relações e inferências diante de textos a serem estudados.

Nesse processo de construção de conhecimentos, nunca é demais destacar o cuidado que devemos ter em relação à forma como orientamos a leitura desses textos. Isso, principalmente, para que evitemos investir apenas em localização e reprodução de informações. Afinal, as crianças precisam se envolver com o desafio da leitura, pois sabemos que ler exige esforço, atenção, tempo e escuta, e o texto precisa deixar de ser um simples meio de resolver uma tarefa.

Ainda destacando Beatriz Aisenberg (2010), salientamos que é a partir das interpretações dos leitores diante dos textos que se dá início a uma sólida intervenção docente. Isso porque há, nesse processo dialógico, a promoção de interações entre crianças e professores para que releituras sejam possíveis e interpretações mais ajustadas possam acontecer. Assim, o professor poderá acompanhar a progressão das aprendizagens e obter informações mais precisas em relação às reais necessidades das crianças quando o assunto é o avanço de cada uma delas na compreensão dos textos que leem e produzem em diferentes áreas do conhecimento.

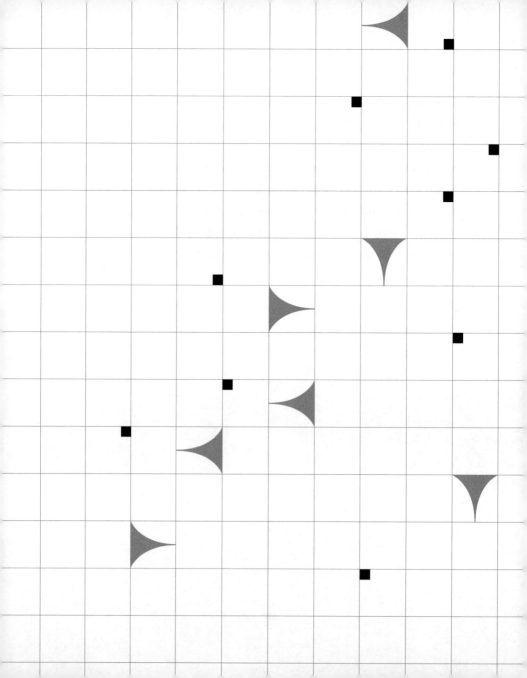

Referências

AISENBERG, Beatriz. Ajudar a ler "em ciências sociais". In: CENTRO DE FORMAÇÃO DA ESCOLA DA VILA. *30 olhares para o futuro*. São Paulo: CEEV, 2010.

ARGENTINA. *Diseño Curricular para la Escuela Primaria*. Ciudad Autónoma de Buenos Aires: Ministério de Educación de la Nación, 2000.

CAMPS, Anna et al. *Propostas didáticas para aprender a escrever*. Porto Alegre: Artmed, 2006.

CASTEDO, Mirta. Leer y escribir en el primer ciclo de la EGB. In: KAUFMAN, Ana Maria. (org.). *Letras y números: alternativas didácticas para Jardín de Infantes y Primer Ciclo de la EGB*. Buenos Aires: Santillana, 2000.

CASTEDO, Mirta; MOLINARI, Claudia. Ler e escrever por projetos. *Projeto: Revista de educação*. Porto Alegre: Projeto Editora, 2002, ano III, nº 4.

FERREIRO, Emilia et. al. *Chapeuzinho Vermelho aprende a escrever*. São Paulo: Ática, 1996.

FERREIRO, Emilia. *Cultura escrita e educação*: conversas com José Antonio Castorina, Daniel Goldin e Rosa María Torres. Trad. Ernani Rosa. Porto Alegre: Artmed, 2001.

FERREIRO, Emilia. *Passado e presente dos verbos ler e escrever*. São Paulo: Cortez, 2002.

FERREIRO, Emilia. Sobre as não previstas, porém lamentáveis, consequências de pensar apenas na leitura e esquecer a escrita quando se pretende formar o leitor. In: CENTRO DE ESTUDOS DA ESCOLA DA VILA, *30 Olhares para o futuro*. São Paulo: CEEV, 2010.

GARRALÓN, Ana. *Ler e saber*: os livros informativos para crianças. Trad. Thaís Albieri e Márcia Leite. São Paulo: Pulo do Gato, 2015.

KAUFMAN, Ana Maria; RODRÍGUEZ, Maria Helena. *La calidad de las escrituras infantiles. Cuentos y Resumenes – ortografía y gramática*. Buenos Aires: Santillana, 2008.

KAUFMAN, Ana Maria. *Leer y escribir: el día a día en las aulas*. Buenos Aires: Aique Grupo Editor, 2012.

LERNER, Delia. *Ler e escrever na escola*: o real, o possível e o necessário. Porto Alegre: Artmed, 2002.

LISPECTOR, Clarice. *Felicidade clandestina: contos*. Rio de Janeiro: Rocco, 1998.

LUIZE, Andréa. *O processo de apropriação da escrita na infância: situações interativas na produção textual*. São Paulo: FEUSP, 2007 (dissertação de mestrado elaborada sob orientação da Profa. Dra. Silvia Gasparian de Mattos Colello).

MORAIS, Artur Gomes. *Ortografia*: ensinar e aprender. São Paulo: Ática, 2007.

ONRUBIA, Javier. Ensinar: criar zonas de desenvolvimento proximal e nelas intervir. In: COLL, C.; MARTÍN, E.; MAURI, T.; MIRAS, M.; ONRUBIA, J.; SOLÉ, I. ZABALA, A. *O construtivismo em sala de aula*. Trad. Cláudia Schilling. São Paulo: Ática, 1996.

PRADO, Marcos. Jardim Gramacho. Rio de Janeiro: Argumento, 2004. p. 9.

SCHNEUWLY, Bernard; DOLZ, Joaquim. *Gêneros orais e escritos na escola*. Campinas: Mercado de Letras, 2010.

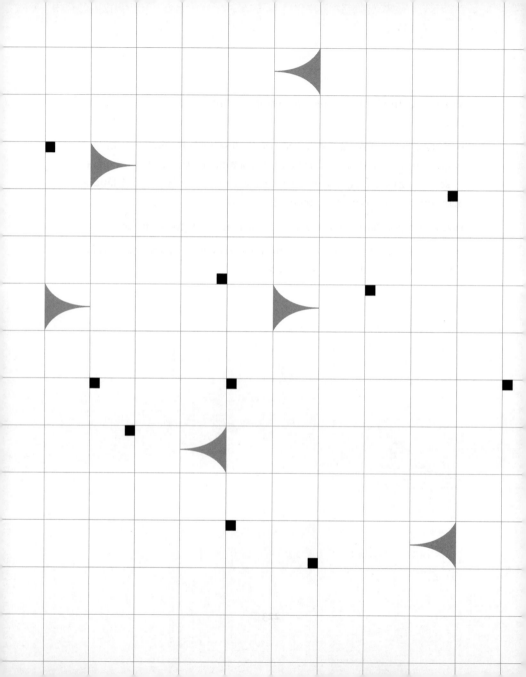

Para saber mais

Apresentamos alguns autores e autoras que são referências no tema da didática do ensino da língua e que subsidiam nossas reflexões e práticas como professoras e formadoras.

ANA GARRALÓN
Nasceu em Madri, Espanha. É professora, pesquisadora e especialista em livros infantis. Tem ativa participação em conferências e congressos internacionais sobre temas voltados à formação de leitores e incentivo à leitura.

ANA MARIA KAUFMAN
Professora de Psicologia e Epistemologia da Universidade de Buenos Aires (Argentina) e pesquisadora em Didática do ensino da língua. Fez parte do grupo de pesquisas sobre alfabetização ao lado de Emília Ferreiro, nos anos 1970.

CLAUDIA MOLINARI

Professora de Ciências da Educação da Universidade Nacional de La Plata e coordenadora do Programa Leitura e Escrita na Alfabetização Inicial de Buenos Aires.

DELIA LERNER

Professora e pesquisadora argentina no campo da didática da matemática e da língua. Atua nas Universidades de Buenos Aires e de La Plata. Ela defende a necessidade de se formar uma comunidade de leitores e escritores que ultrapassem os muros da escola utilizando propostas com objetivos reais e práticas empregadas socialmente.

EMILIA FERREIRO

Professora e pesquisadora argentina que há muitos anos trabalha no Centro de Investigación y de Estudios Avanzados na Cidade do México. Suas inúmeras e importantes investigações giram em torno dos processos de aprendizagem da língua escrita. É psicóloga, pedagoga e importante pesquisadora da área de Educação e doutora pela Universidade de Genebra, sob a orientação de Jean Piaget. Em 1974, escreveu, junto com Ana Teberosky, *Psicogênese da língua escrita*, obra que revolucionou o processo de alfabetização por considerar as hipóteses da criança sobre a aquisição da língua escrita.

MARIA ELENA RODRÍGUEZ
É professora da Universidad de La Plata, Argentina, e pesquisadora em linguística e didática da língua. Foi fundadora e diretora da *Revista Lectura y Vida* e é autora de diversos livros.

MIRTA CASTEDO
Professora e pesquisadora da Universidade de La Plata, na Argentina. Especialista na Didática do ensino da leitura e da escrita. Coordenou vários projetos de capacitação de professores, sempre apoiados em uma visão construtivista. É membro da Rede Latino-Americana de Alfabetização(Argentina).

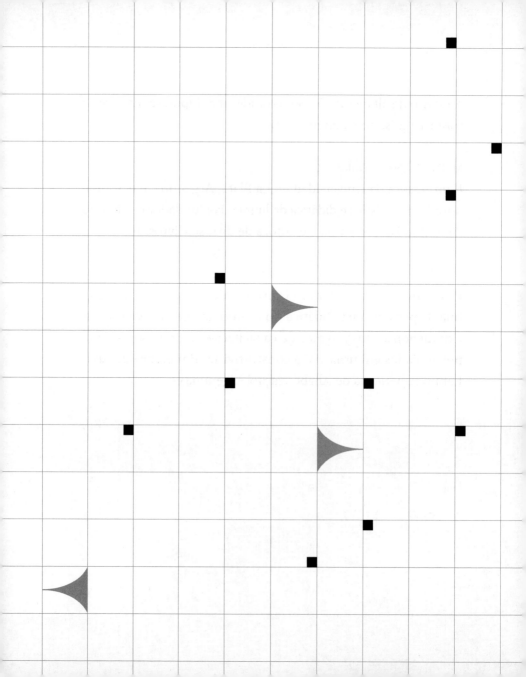

Sobre as autoras

ANDRÉA LUIZE é pedagoga e mestre em Educação e Linguagem pela Faculdade de Educação da Universidade de São Paulo. Foi professora da Educação Infantil e dos Anos Iniciais do Ensino Fundamental. Na Escola da Vila, atuou como professora, formadora e coordenadora na área de Práticas de Linguagem. Foi também coordenadora e professora do curso de pós-graduação em Alfabetização, ofertado pelo Centro de Formação dessa mesma instituição. Atuou ainda na coordenação do projeto Toda Criança Pode Aprender, do Laboratório de Educação. Participou da elaboração de materiais didáticos para a rede municipal de Salvador (BA). Hoje, coordena o Instituto Vera Cruz e é professora do curso de Pedagogia, ofertando disciplinas com foco no ensino da linguagem oral e da linguagem escrita na Educação Infantil e nos dois anos iniciais do Fundamental. Atua também em projetos de formação e assessorias na área de alfabetização, currículo e didática do ensino da língua.

ANDRÉA DIAS TAMBELLI é formada em Artes Plásticas pela Faculdade Santa Marcelina e Pedagogia pela UNIFIEO. Fez pós-graduação em alfabetização no Instituto Vera Cruz. É formadora na área de Práticas de Linguagem e ministra cursos sobre práticas de escrita, leitura e oralidade. Participou de grupos de elaboração de material didático para escolas públicas da cidade de Salvador (BA) e para escolas públicas da cidade de São Paulo (SP). Recebeu o título de Professor Nota 10 pela Fundação Vitor Civita no ano de 2014. Atuou como professora de Educação Infantil e atua como professora nos Anos Iniciais do Ensino Fundamental.

BÁRBARA FRANCELI PASSOS é pedagoga e já atuou como professora da Educação Infantil e do Ensino Fundamental. Atua como formadora de professores na área de Práticas de Linguagem e realiza cursos sobre leitura, escrita e oralidade em escolas públicas e particulares. É autora de livros didáticos, artigos e cursos *online*. Membro da Equipe dos Destaques Emília e do Grupo de Trabalho de Novos Projetos, é especialista em Literatura para crianças e jovens pelo Instituto Vera Cruz.

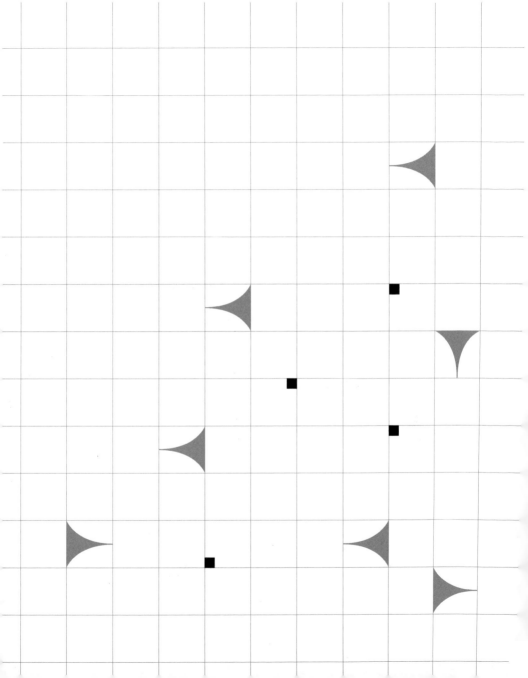

Este livro foi composto em Dante e Raleway,
impresso em papel offset 75 g/m², em julho de 2023, impresso na gráfica
Formato em Belo Horizonte.